DE

LA CONCURRENCE

ET DE

LA COALITION

EN MESSAGERIES.

Prix : 60 centimes.

PARIS,

IMPRIMERIE ADMINISTRATIVE DE PAUL DUPONT ET Cie,

Rue de Grenelle-Saint-Honoré, 55, Hôtel des Fermes.

1839.

DE

LA CONCURRENCE

ET DE LA COALITION

EN MESSAGERIES.

PARIS,

IMPRIMERIE ADMINISTRATIVE DE PAUL DUPONT ET Cⁱᵉ,

Rue de Grenelle-St-Honoré, n. 55.

—

1839.

DE LA CONCURRENCE

ET DE LA COALITION

EN MESSAGERIES.

Une de nos plus importantes, de nos plus vitales industries, celle dont les progrès sont le plus étroitement liés à ceux du bien-être général et de la civilisation même, l'industrie des transports, est en ce moment affectée d'une grave perturbation. Menacées dans leur avenir par l'irrésistible supériorité des locomotives à vapeur destinées à réaliser, à la faveur des chemins de fer, une vitesse qui jadis eût été réputée fabuleuse, les entreprises de messageries existantes sont attaquées dans leurs conditions actuelles de vie, par des prétentions et des doctrines qui se sont récemment fait jour à leur détriment, et qui, malgré leur étrangeté, sont parvenues, il faut le dire, à tromper la religion de quelques magistrats, et même à surprendre à un certain degré la faveur de l'opinion publique.

Vous entendez dire tous les jours que deux puissantes compagnies, fortes de leur union, de leur ancienneté, de leurs énormes capitaux grossis d'année en année par de monstrueux profits, sont parvenues à monopoliser toutes les routes de France, et à confisquer à leur bénéfice exclusif cette arène nominalement ouverte à la libre industrie. On affirme que ces compagnies se sont liées par un pacte coupable pour exploiter en commun la riche proie dont elles se sont emparées, pour rançonner et pressurer le public et ne pas permettre que d'autres viennent leur disputer une part de ses dépouilles. On cite les noms de plusieurs entreprises qui ont péri sous les coups de cette coalition néfaste ; on souhaite à ceux qui ont succombé des vengeurs plus heureux ; on encourage par tous les moyens, on entoure d'une faveur enthousiaste quiconque se présente dans la carrière, avec l'étendard qui porte le mot magique de *concurrence*. Il semble que l'apparition sur les routes, de voitures rivales de celles des deux compagnies monopolisantes, suffise pour signaler une ère nouvelle ouverte aux progrès de l'industrie et du commerce, en activant et facilitant la circulation des hommes et des choses. On en espère, à défaut d'autre amélioration, celle du bon marché ; puis, quand la baisse se produit inévitablement, on se récrie, on comprend qu'elle n'a pas les conditions de durée, et on en fait, par une bizarre contradiction, un texte nouveau de récriminations contre les entreprises anciennes, que l'on accusait naguère de s'enrichir démesurément, que l'on accuse aujourd'hui de se ruiner pour détruire. On crie à la coalition ; on provoque, dans le sein des Chambres, des mesures législatives contre « un mono-« pole qui s'exerce tous les jours, dit-on, d'une manière « plus fâcheuse et plus générale, et qui met la généralité « des citoyens plus ou moins à la merci de deux adminis-« trations (1) ». On va plus loin encore ; on fait appel aux rigueurs judiciaires, en invoquant l'article 419 du Code pénal ; et il se trouve des tribunaux pour échafauder sur ces clameurs et ces préventions absurdes une jurisprudence dont la raison s'étonne et dont l'industrie a droit de s'alarmer.

Quand les choses en sont là, il est évident qu'il ne s'agit plus de ces vulgaires rivalités mercantiles qu'il faut laisser vider entre les parties intéressées ; il s'agit d'une grave question de législation et d'économie sociale qui réclame, dans l'intérêt public, l'intervention des esprits éclairés.

____

(1) Chambre des pairs, séance du 13 mars 1838.

Déjà la presse périodique s'en est préoccupée, chose remarquable, au milieu des complications politiques qui nous environnent (1) ; le jugement du tribunal correctionnel de Paris a été l'objet de commentaires propres à faire hésiter la magistrature dans les voies où elle a paru vouloir entrer. Mais pour obtenir un résultat plus général, et pour triompher de préjugés fortement enracinés dans un grand nombre d'esprits, il ne suffit pas de protester au nom des saines doctrines de la liberté industrielle ; il est nécessaire d'aborder de front les questions qui s'élèvent, de préciser les faits spéciaux qui s'y rattachent et d'en tirer les conséquences logiques. Tel est l'objet de cet écrit, qui n'est point l'œuvre d'une partie intéressée, mais l'expression d'une opinion consciencieuse que l'étude et l'expérience de la matière ont suffisamment préparée à intervenir dans cette discussion.

Les messageries en France sont le moyen de transport des classes intermédiaires. Les riches voyagent en poste, soit dans leurs propres voitures, soit dans les malles du gouvernement. Les pauvres voyagent à pied ou dans des véhicules informes et irréguliers. Les messageries ont grandi avec la classe moyenne ; elles ont passé par les mêmes vicissitudes. Elles furent d'abord créées par des concessions royales, comme les communes l'avaient été par des chartes octroyées ; les concessions furent ensuite ramenées à l'unité par le monopole gouvernemental, comme les sociétés municipales l'avaient été par le pouvoir absolu. L'illustre Turgot fut le Richelieu de cette industrie ; il en rat-

------

(1) Voir, à la fin, un article remarquable publié dans le *Courrier français* par M. Blanqui, professeur d'Économie industrielle et membre de l'Institut.

tacha tous les rameaux épars à un centre commun, en révoquant toutes les concessions partielles, et leur substituant un système unitaire en harmonie avec le réseau de nos routes. Le gouvernement se fit exploitant unique et fonda ainsi à son profit la première entreprise générale de messageries. Ce ne fut qu'en l'an vi que ce monopole fut supprimé; l'industrie particulière fut mise en possession de son héritage, mais la création des entreprises resta subordonnée à l'autorisation du gouvernement. Cette restriction avait sans doute pour but d'assurer la conservation d'entreprises si profitables au pays, en les mettant à l'abri d'une concurrence qui dépasserait les besoins réels de la circulation. Leur importance n'avait pas échappé au coup d'œil universel de Napoléon : « On peut mesurer, disait-il, les progrès de la prospérité publique aux transports des diligences. » Son décret du 20 mai 1805 établit qu'aucune nouvelle entreprise de messageries ne pourrait se fonder qu'avec l'approbation du chef de l'état, et sur le rapport du ministre des finances. C'est à la faveur de ce régime que la Compagnie des messageries royales put établir un système à peu près complet, embrassant toutes les routes qui conduisent de la capitale dans les diverses parties de la France ; et, grace à l'antériorité d'une position acquise, elle en conserva la jouissance long-temps encore, même sous le régime de la loi de finances du 25 mars 1817, qui émancipa définitivement l'industrie des messageries, en supprimant la nécessité de l'autorisation préalable.

On aurait cependant tort de conclure de cet exposé que cette compagnie était en possession d'un monopole de fait, substitué à celui qu'avaient long-temps exercé les fermiers de l'état. Sous le régime même du décret de 1805, un grand nombre d'entreprises particulières avaient pu naître et se consolider, sur les routes où la compagnie ne s'était pas établie, et sur celles où les progrès de la circulation avaient naturellement appelé un développement des moyens de transport. Il arriva qu'à la fin de 1826, plusieurs de ces entreprises jugèrent le moment venu de réunir leurs forces et leurs moyens d'action pour constituer une seconde compagnie générale. Il faut faire grande attention au principe sur lequel se fonda cette entreprise, au mode de son organisation, aux circonstances de son établissement; car c'est là et seulement là que se trouve, pour le problème de la constitution d'une entreprise générale de messageries, le secret d'une solution conforme aux vrais principes de l'économie industrielle, et pleinement justifiée par le succès.

La compagnie Laffitte et Caillard ne se proposa point pour but de créer de nouveaux services, mais bien de régulariser, de perfectionner et de relier à un centre commun des services déjà existans : elle entendit entrer, non dans une arène de lutte et de concurrence, mais dans une voie d'organisation et de progrès. Elle se constitua sur un capital élevé (six millions), non dans l'intention de gaspiller cette force dans un combat à mort livré aux intérêts acquis, non dans l'espoir que la victoire lui resterait avec le dernier écu, mais au contraire avec la pensée bien arrêtée de s'imposer les plus grands sacrifices pour respecter les faits préexistans et prévenir toute chance de perturbation dans l'industrie qu'elle venait exercer. Loin de disputer le terrain aux services établis, elle s'arrangea pour les absorber en elle par des traités amiables, et par des acquisitions à prix d'argent. Les trois entreprises qui formèrent le noyau de cette association lui apportèrent treize services en pleine activité. Cinq routes lui furent cédées, moyennant indemnité, par la Compagnie des messageries royales. Douze autres routes lui furent successivement abandonnées, la plupart à prix d'argent, par des entreprises particulières qui étaient en possession de les desservir. Le nombre des routes occupées ainsi par elle sans contestation, sans trouble, sans augmentation des services existans, s'élève à trente, comprenant un parcours de deux mille deux cents postes ; et sur le capital de fondation, plus de 1,600,000 fr. furent prélevés pour faire face à ces acquisitions et réunions de services.

Ainsi, constatons ce fait important qui, par un exemple vivant sous nos yeux, nous donne la loi même de l'organisation et du développement normal des entreprises de messageries. Un service de voitures s'établit d'une ville à l'autre, quand les besoins de la circulation le réclament ; organisé d'abord pour un trajet de peu d'étendue, il agrandit progressivement son parcours et finit par embrasser une ligne entière. Plus tard, l'entrepreneur, fort de son expérience acquise et de ses bénéfices accumulés, abordera l'exploitation d'une seconde ligne, ou bien il établira des rapports de correspondance ou d'association avec l'exploitant d'un service qui peut augmenter les produits de celui qu'il dessert lui-même. Ces relations sont utiles et même indispensables en messageries ; car il est évident qu'un service de Paris au Havre, par exemple, sera beaucoup plus productif s'il se rattache à d'autres services de Paris à Lyon ou à Strasbourg qui puissent échanger avec lui les voyageurs et les marchandises dont le trajet doit s'étendre sur les deux lignes associées. Ce progrès en appelle un autre : de même que l'association est préférable à l'isolement, la fusion complète est plus avantageuse que l'association, car elle rend l'harmonie des services plus sûre et plus intime, elle ajoute à leurs forces et produit une économie réelle dans les frais généraux. Groupez ainsi un nombre plus ou moins grand de services, unis par cette loi d'attraction et de développement dont nous venons d'esquisser les effets progressifs, et vous aurez construit une entreprise générale née, sans lutte et sans trouble, de la seule force des choses, une entreprise enfin telle que se sont établies , telles qu'existent sous nos yeux les Compagnies des messageries royales et des messageries générales.

En dehors de ces deux exemples , on peut citer encore la compagnie dite des *Jumelles*, dont les chefs ont débuté par être conducteurs de leurs voitures, inspecteurs de leurs services , directeurs de leurs bureaux ; cette compagnie est arrivée par degrés à ce point d'extension qu'elle dessert aujourd'hui huit cents lieues de routes, et deviendra probablement entreprise générale à son tour.

Et qu'on ne dise pas que ce développement normal et graduel est rendu impossible par les manœuvres des compagnies existantes qui luttent et se coalisent pour l'empêcher. Ici les faits parlent assez haut. Est-ce que les services de MM. Caillard, Arnoux et Lecomte , dont la réunion a formé le noyau de la Compagnie générale ; est-ce que les entreprises particulières successivement rattachées à cette compagnie par voie d'acquisition ou de traités, n'existaient pas depuis long-temps malgré la concurrence des Messageries royales? Est-ce que cette concurrence a pu empêcher la compagnie Laffitte et Caillard de s'établir? Est-ce qu'à l'heure qu'il est , les deux tiers des voitures en circulation sur les routes de France ne sont pas la propriété d'entreprises particulières, rivales, chacune sur sa ligne, des deux compagnies dont on accuse le monopole, ou bien tout-à-fait en dehors de leur action?

On peut admettre , sans faire injure à la Compagnie royale , qu'elle fut médiocrement satisfaite de voir s'installer à côté d'elle une entreprise qui , déjà vaste et forte à sa naissance , devait naturellement aspirer à une existence égale à la sienne, et possédait tous les moyens d'y parvenir. Peut-être, si cette compagnie n'eût pas été prise au dépourvu ; si , d'une autre part, la nouvelle société avait débuté, comme l'ont fait depuis toutes celles que l'on a tenté d'établir, par jeter sur toutes les routes des services nouveaux, au lieu de se fonder sur l'agglomération de services déjà en pleine activité, peut-être aurait-on vu la guerre se déclarer et se poursuivre jusqu'à ce que l'une des deux entreprises eût écrasé l'autre. C'eût été un malheur pour celle qui aurait succombé, pour celle qui aurait vaincu au prix d'énormes sacrifices, pour le public lui-même qui au bout de la lutte se serait retrouvé comme devant en face d'une seule compagnie, sans autre résultat qu'un déplorable gaspillage de capitaux. On préféra se rapprocher, se concerter pour vivre en paix, et l'on fit bien.

Les deux compagnies, composées d'hommes expérimentés et connaissant à fond leur industrie, savaient parfaitement que lancer un plus grand nombre de voitures sur des routes déjà desservies d'après les besoins existans, ce n'est pas y faire surgir un plus grand nombre de voyageurs; c'est tout bonnement créer le vide dans les voitures, et le vide, en messageries, c'est la ruine. La Compagnie générale arrivait avec des services tout montés et en plein rapport, s'étendant sur un parcours de deux mille deux cents lieues. Jusque-là, point de difficulté, puisque la réunion de ces services ne jetait pas sur les routes une seule voiture de plus que par le passé. Mais il était évident que la nouvelle entreprise ne pouvait ni ne voulait en rester là; le chiffre élevé de son capital l'annonçait assez. La Compagnie royale eut la sagesse de comprendre que l'état présent de la circulation comportait l'existence d'une nouvelle entreprise générale formée, comme elle l'avait été elle-même à son origine, par l'agrégation de plusieurs entreprises particulières; elle accepta, peut-être à contre-cœur, cette situation nouvelle, et consentit à régulariser, par la convention du 12 juin 1827, un partage que les circonstances avaient rendu inévitable.

Cet arrangement présentait-il, comme on l'a souvent prétendu, les caractères d'un pacte de coalition? nullement. Une coalition suppose une communauté d'intérêts, une réciprocité de sacrifices; ici les intérêts sont contraires et les sacrifices sont tous du même côté. La Compagnie royale, cédant à l'empire de la prudence et de la nécessité, subit les conditions qui lui sont imposées, et se résigne au dommage qu'elle en éprouve pour éviter un mal plus grand. Elle se replie et s'amoindrit devant la nouvelle venue; elle retire ou dédouble une partie de ses services pour lui faire place, et pour éviter à tout prix une surabondance de moyens de transport qui, en dépassant de beaucoup les besoins, eût amené l'avilissement des prix et la ruine de l'industrie qu'elle exploite. Les deux parties conviennent de ne pas mettre sur les routes plus de voitures que la circulation n'en comporte, et de traiter pour le partage des services sur le pied d'une complète égalité.

C'est là toute la substance de ce fameux traité contre lequel on a tant déclamé, en le présentant comme une coalition d'accapareurs, semblable à ce *pacte de famine* ourdi entre quelques traitans, vers la fin de l'ancien régime, pour monopoliser les denrées alimentaires, et pressurer inhumainement le malheureux peuple. Il est aisé de prouver que de tels arrangemens, conformes à l'intérêt bien entendu des parties contractantes, l'étaient aussi à l'intérêt public. Le fait seul de la création d'une seconde entreprise générale était une importante amélioration, qu'il était essentiel de ne pas compromettre. Il en résultait un puissant principe d'émulation, gage certain de nouveaux progrès dans les services. En effet, la rivalité des deux compagnies, bien que circonscrite dans de certaines limites imposées par l'intérêt mutuel de conservation, n'en subsistait pas moins de manière à les mettre dans la nécessité de capter à qui mieux mieux, par des services aussi parfaits que possible, la confiance du public expéditeur et voyageur. Ce devait être entre elles deux, à qui aurait les voitures les plus commodes et les plus sûres, les relais les mieux montés, les employés les plus probes et les plus prévenans. Le doublement des capitaux consacrés à l'industrie des messageries permettait de créer de nouveaux services partout où le besoin s'en faisait sentir. Tous ces heureux résultats eussent été infailliblement compromis si les deux compagnies, au lieu de s'entendre pour leur mutuelle conservation, eussent dissipé leurs capitaux dans une lutte qui serait devenue inévitablement mortelle pour l'une ou pour l'autre, et peut-être pour toutes les deux.

L'accord des deux compagnies, dit-on, a maintenu les prix que la guerre entre elles aurait nécessairement abaissés ; c'est une économie, momentanée si l'on veut, mais réelle, dont elles ont frustré le public. C'était donc une véritable coalition ; et l'on n'a pas même pris la peine de la dissimuler, car on a vu constamment ces administrations maintenir des tarifs identiques, leurs voitures partir aux mêmes heures et cheminer de conserve sur les lignes qu'elles exploitaient simultanément. On les a vues traiter, dans des termes tout semblables, avec les mêmes correspondans, avec les mêmes relayeurs, et stipuler avec eux, d'un commun accord, des clauses d'interdiction et des prix de guerre, dans la prévoyance de l'arrivée de nouveaux concurrens.

Une première réflexion se présente : c'est que tous ces faits, pris un à un, sont parfaitement légitimes, et conformes aux droits et aux procédés d'une loyale industrie. On ne nie pas que tout entrepreneur ne soit autorisé à mettre à ses produits le prix qu'il veut, et à traiter avec une entière liberté, soit avec ses fournisseurs, soit avec le public, pourvu qu'il n'ait point recours à des moyens frauduleux pour leur faire accepter ses conditions. Or, en grou-

pant comme on le voudra des faits irrépréhensibles en droit
et en morale, est-il possible d'en faire sortir un délit? Il
n'est pas nécessaire d'être profondément versé dans la
science du droit pour comprendre l'odieuse absurdité de
cette jurisprudence des délits *constructifs*, dès long-temps
flétrie par tous les esprits droits, et que la restauration avait
essayé de faire revivre contre la presse, en instituant, pour
la détruire, ses fameux procès de tendance. On disait alors
aux journaux que l'on voulait tuer : tous vos articles,
considérés isolément, sont irréprochables ; mais, pris dans
leur ensemble, ils dénoncent des intentions criminelles et
constituent un délit passible d'amende et de prison. N'est-ce
pas là exactement la manière dont on procède avec les entreprises de messageries ?

On accuse les deux grandes compagnies de n'avoir pas
amené, par leur concurrence, la baisse des prix. Mais la
concurrence toute seule n'est pas le fait qui détermine la
baisse ; c'est uniquement la surabondance de production,
ou en d'autres termes, l'excédant de l'offre sur la demande.
Or, la convention du 12 juin avait sagement prévenu cet
excédant, en réglant, dans la proportion des besoins, le
nombre et la répartition des services. On ne prétendra
pas sans doute que ces compagnies étaient tenues, en conscience et en droit, de mettre sur les routes plus de voitures
que la circulation n'en réclamait, tout exprès pour ame-
ner la baisse et faire acte de concurrence. Les compagnies
y auraient beaucoup perdu, et le public n'y aurait rien ga-
gné. La concurrence aurait exploité sans mesure les lignes
jusqu'alors réputées les plus productives, en abandonnant
les autres ; il y aurait eu sur les premières surabondance
de services et baisse de prix, sur les secondes insuffisance,
avec le maintien ou même la hausse des tarifs ; le tout pour
revenir au bout de quelque temps, au premier point de
départ, avec une seule entreprise générale, lorsque la

situation et l'intérêt général en comportaient deux.

On se récrie sur l'identité des tarifs : mais il n'est pas une branche d'industrie dont les produits n'aient leur *prix courant*, auquel tous les producteurs sont tenus de se conformer. Le sucre et la canelle ont leur prix courant, réglé toutes les semaines par les courtiers de commerce ; le prix du roulage sur chaque route est le même pour tous ; les assurances maritimes se traitent absolument aux mêmes conditions par toutes les compagnies qui s'en occupent. Les tarifs de messageries sont soumis à cette commune loi ; il n'est besoin d'aucun concert préalable, encore moins d'aucune manœuvre frauduleuse, d'aucune intention coupable pour en établir l'identité. Ces tarifs sont les mêmes, par la meilleure de toutes les raisons ; c'est qu'il est impossible qu'il en soit autrement. Cela est surtout impossible dans une industrie dont les tarifs sont nécessairement publics, et qui ne peut modifier ses prix qu'en faisant connaître cette intention quelque temps d'avance. Une compagnie de messageries ne peut ignorer les prix des compagnies rivales ; si ces prix sont au dessous des siens, il faut qu'elle se mette sur-le-champ à leur niveau, sous peine d'être abandonnée de toute sa clientèle, c'est-à-dire de se suicider.

On peut en dire autant de l'identité des heures de départ. Il y a pour chaque ligne un moment plus avantageux que tout autre pour le départ des voyageurs ; ce moment est déterminé, tantôt par la longueur de la distance à franchir, tantôt par la nature des affaires qui conduisent d'une ville à l'autre le plus grand nombre des voyageurs, tantôt par la combinaison des lieux et des heures de stationnement. Cette heure favorable entre toutes, l'expérience la révèle aux entrepreneurs un peu exercés qui l'adoptent également sans avoir besoin de se concerter pour cela. Il est donc tout simple que des voitures, partant en même temps du même lieu, s'acheminent ensemble et du même pas vers une même destination. Il y a d'ailleurs un avantage apprécié des voyageurs dans cette escorte permanente que se font l'une à l'autre deux diligences en position de se prêter jour et nuit main forte en cas de danger ou d'accident.

Ainsi, dans tous ces prétendus faits de coalition, rien qui ne soit parfaitement légitime, rien qui ne rentre dans les procédés les plus loyaux, les plus usuels de l'industrie, rien enfin que l'intérêt général puisse désavouer. Deux compagnies de messageries possèdent sur la même route des services marchant alternativement de deux jours l'un; quoi de plus naturel qu'elles s'arrangent avec les mêmes relayeurs pour que les chevaux qui ont conduit la voiture de l'une ramènent au retour la voiture de l'autre, et gagnent ainsi leur journée complète, au lieu d'employer le double de chevaux et de perdre gratuitement la moitié de leur temps et de leurs forces? Quoi de plus légitime et de plus simple que de s'entendre avec les entreprises qui desservent les routes qui alimentent les services des grandes compagnies, pour partager entre celles-ci les produits de ces affluens en voyageurs et en marchandises? Pourquoi trouverait-on mauvais que des entrepreneurs de voitures interdisent avec sanction pénale, à leurs relayeurs et à leurs correspondans, de se lier à de nouvelles entreprises, lorsqu'on trouve tout naturel qu'un épicier, un bonnetier, en louant une boutique dans un de nos passages, stipule que le propriétaire n'y recevra aucun autre industriel qui lui ferait concurrence?

Tels sont pourtant les griefs que l'on a signalés comme autant de preuves d'une monstrueuse coalition. En voyant se former une seconde entreprise générale, on avait compté sur une lutte acharnée, amenant de grandes baisses de prix, et tout voyageur se croyait convié à la curée des capitaux qui devaient se gaspiller sur les grandes routes, tant que le combat durerait. Deux compagnies au lieu d'une, c'était déjà une grande amélioration; il n'avait pas fallu moins de trente ans pour la rendre possible, et la convention du 12 juin 1827 était nécessaire pour la rendre durable. Mais ces vérités ne furent pas comprises, non plus que les causes qui avaient fait le succès de l'entreprise de MM. Laffitte et Caillard. Son apparition avait exalté les têtes sur les effets que devaient produire la concurrence, et sur les bénéfices possibles en messageries : cette disposition des esprits ne tarda pas à faire surgir des spéculateurs tout prêts à l'exploiter.

La compagnie Laffitte existait à peine depuis dix-huit mois lorsqu'apparut l'entreprise des *Messageries du commerce*, fondée par MM. Armand-Lecomte et Cⁱᵉ. Elle se posa en débutant comme une troisième compagnie générale qui venait arracher à ses deux devancières les profits illicites d'un monopole odieux : elle annonça la ferme intention de faire de la concurrence une vérité, constitua un capital qui devait s'élever à la somme énorme de 10 millions, et s'adressa, pour le former, à toutes les petites bourses, qui s'ouvrirent en foule pour aider à ce grand œuvre. Les *Messageries du commerce* se présentèrent donc sur toutes les routes; mais elles s'y présentèrent dans des conditions fort différentes de celles qui avaient présidé à l'établissement des Messageries générales. Celles-ci, comme nous l'avons fait voir, n'avaient fait à leur début que centraliser des services déjà existans; elles n'avaient donc jeté aucune perturbation dans l'industrie, et s'étaient par cela même établies sans contestation. La nouvelle entreprise, au contraire, apportant avec elle la surabondance des services et la baisse des prix dont elle-même d'ailleurs donnait le signal, engageait une lutte à mort avec les intérêts créés avant elle. La baisse qu'elle apportait appelait de la part des autres compagnies une baisse plus forte, à titre de légitimes représailles, et comme nécessité de conservation. Car il ne faut jamais perdre de vue ce fait capital en pareille

matière, que, pour tout établissement de transport, le vide
des voitures est un dommage absolu qu'il faut prévenir à
tout prix. Dans les industries dont les produits ont une
certaine durée, la baisse qui résulte de la surabondance
est d'ordinaire lente, graduée, parce que les détenteurs
peuvent attendre, et que la spéculation peut intervenir pour
faire obstacle à l'avilissement trop brusque des prix, dans
la prévision de temps plus favorables. Mais une place offerte
et non occupée dans une voiture est une production qui n'a
pas de lendemain ; sa valeur périt pour l'entrepreneur à la
minute même où l'heure du départ a sonné. C'est donc là une
perte sèche, une cause immédiate de ruine qu'il est indispensable de conjurer ; or, il n'y a que deux moyens pour
cela, réduire la production ou augmenter la consommation. Il n'y a pas de milieu pour des entreprises qui se trouvent placées tout d'un coup en face d'une concurrence, sur
des routes déjà suffisamment desservies ; il faut démonter
ses services pour faire place aux nouvelles voitures, ou
réduire les prix jusqu'à la limite où la demande se trouve
suffisamment sollicitée pour que le vide ait complétement
disparu.

C'est dans cette alternative que se trouvaient placées
les Compagnies royale et générale lors de l'apparition des
Messageries du commerce. Il est évident que, lorsque, sur
des routes où circulaient chaque jour deux voitures à seize
places qui n'étaient pas toujours occupées, survenait une
troisième voiture d'une égale contenance, le vide devait se
faire dans toutes les trois. Fallait-il se retirer devant les
nouveaux venus et leur céder gratuitement des services
pour lesquels on avait fait de grandes dépenses d'achat et
d'exploitation ? C'eût été là une abnégation par trop chré-
tienne ; la maxime : *ôte-toi de là que je m'y mette,* n'obtient
pas d'ordinaire l'acquiescement résigné de ceux auxquels
elle s'adresse dans sa brutalité naïve. Les compagnies atta-

quées préférèrent baisser leurs prix comme elles en avaient le droit. Les actionnaires de la compagnie Armand-Lecomte, déçus dans l'espoir des bénéfices illusoires que les prospectus leur avaient promis, comprirent un peu tard qu'ils étaient engagés dans une mauvaise affaire, et reculèrent devant les versemens qu'ils devaient effectuer pour compléter le capital. La révolution de 1830 amena des sinistres commerciaux qui achevèrent la ruine de la nouvelle entreprise, dont la durée n'avait pas excédé deux années.

Une autre tentative du même genre fut renouvelée, en 1831, par la compagnie Gabaud : c'était, comme la précédente, un effet sans cause, et elle périt au bout de quatre mois. Ces deux exemples éclatans, sans parler de quelques essais avortés en germe, parurent refroidir singulièrement les spéculateurs en messageries. De 1831 à 1837 cette industrie marcha paisiblement dans ses voies habituelles : il ne fallut rien moins que la fièvre d'entreprises par actions dont nous avons vu les accès, pour faire éclore une nouvelle compagnie générale, celle des *Messageries françaises*, qui se présenta dans l'arène sans se laisser décourager par le triste sort de ses devancières. A une époque où rien ne paraissait extravagant ni impossible, un projet de ce genre avait droit, à vrai dire, à un accueil au moins aussi favorable que les mines de houille évaluées à vingt fois leur valeur, les bougies de tous les calibres et les bitumes de toutes les couleurs qui, dans le même moment, sollicitaient, sans les épuiser, la bourse et la crédulité des badauds de Paris et de la banlieue.

Avant d'entrer dans l'examen des circonstances nouvelles produites par cette création, et de la lutte qui depuis deux ans se poursuit sous diverses formes sur le terrain disputé, il est peut-être utile d'examiner une question toujours posée par les faiseurs de projets en pareille matière pour se concilier la faveur des esprits superficiels. Au fait, disent-ils, pourquoi n'y aurait-il que deux compagnies pour exploiter sur une grande échelle l'industrie des messageries? La Compagnie royale, lorsqu'elle existait seule, se trouvait elle-même parfaitement suffisante pour répondre aux besoins publics : cependant la Compagnie générale a pu naître et prospérer à côté d'elle. Douze ans se sont écoulés depuis son établissement ; la circulation des hommes et des choses s'est accrue notablement dans cette période. N'est-il donc pas temps d'y pourvoir en créant une troisième entreprise, qui réussira comme celle de MM. Laffitte et Caillard, parce que, comme elle, elle sera venue en temps opportun?

Nous dirons d'abord qu'il n'y a aucun rapport nécessaire entre le nombre des entreprises générales de messageries et l'intensité de la circulation. Rien n'empêche qu'une ou deux compagnies, si elles sont pourvues des capitaux nécessaires, ne puissent suffire aux besoins les plus étendus : elles n'ont qu'à développer et multiplier leurs services en proportion de ces besoins. La circulation s'est certainement accrue en France depuis douze ans ; mais de ce que le nombre des entreprises générales n'a pas augmenté, il n'en faut pas conclure que l'industrie des messageries soit restée au dessous des nécessités publiques. La compagnie Laffitte, qui a débuté, comme nous l'avons dit, avec un parcours de 2,200 lieues, a porté progressivement son exploitation jusqu'à plus de 5,000 lieues ; la Compagnie royale a développé aussi ses services ; l'une et l'autre ont encore d'autres extensions à prendre pour utiliser tous les moyens d'action qu'elles possèdent. Ce n'est pas là sans doute une raison suffisante pour exclure tous autres compétiteurs, et borner à jamais à deux compagnies l'exploitation des messageries sur une grande échelle. Il n'y a, dans ce chiffre *deux*, rien de fatal ni de cabalistique pour que l'industrie puisse y voir une borne à tout jamais infranchissable. Mais on peut affirmer, d'accord avec l'expérience, que l'établissement d'une entreprise générale de transports n'est vraiment utile et n'a de chances réelles de succès que sous le bénéfice de certaines conditions imposées par la nature même des choses.

Voilà deux compagnies qui, dans l'ordre habituel des faits, réalisent ensemble une recette brute d'environ dix-neuf millions au moyen d'une dépense de dix-huit millions : il leur reste à partager un million de bénéfice. Survient une troisième compagnie, alléchée par l'espoir de prendre un tiers dans ce million. Si elle se met sur le même pied de développement que ses devancières, voilà la dépense totale de ce genre d'exploitation portée à vingt-sept millions, en supposant même que la concurrence n'ait produit aucun renchérissement dans le prix des relais, des voitures et des salaires, ce qui est pourtant tout-à-fait improbable. Si la recette n'augmente pas, il y aura donc un déficit de huit millions à répartir entre les trois compagnies. Et pourquoi la recette totale augmenterait-elle ? Essayez, s'il se peut, de maintenir les prix, et dans ce cas vous n'aurez à transporter ni un voyageur ni un paquet de plus que par le passé ; la clientelle, ne voyant rien de changé, continuera d'aller aux entreprises qui sont en possession de sa confiance ; les nouveaux venus en seront pour leurs frais, et seuls ils porteront le fardeau de l'excédant de dépense qu'ils auront créé. Cette observation, pour le dire en passant, prouve clairement que la baisse des prix, dont on se fait un grief contre les anciennes compagnies, comme étant l'arme ordinaire dont elles se servent pour tuer les concurrences, est au contraire du fait et dans l'intérêt exclusif de celles-ci, pour lesquelles elle est une condition absolue d'existence. La baisse seule, et une baisse considérable, peut déterminer une augmentation de ma-

tière transportable suffisante pour combler le vide dans les
nouvelles voitures, et permettre aux entrepreneurs de rentrer dans une partie de leurs avances. En général, l'augmentation de consommation produite par la baisse des prix
ne va guère au delà de ce qui est nécessaire pour maintenir au même chiffre la dépense totale absolue qui se faisait auparavant. Ainsi, pour utiliser complétement la contenance de trois voitures là où deux voitures suffisaient à tous
les besoins, il faudra que les tarifs soient abaissés d'un
tiers. Mais admettons une proportion plus favorable ; sup-
posons qu'une baisse de 25 p. °/₀ suffise pour augmenter de
moitié la matière transportable. On n'aura encore, en
appliquant ces proportions aux chiffres ci-dessus posés,
qu'une recette brute de moins de vingt-un millions et demi
pour faire face à une dépense de vingt-sept millions : il y aura
un déficit de plus de cinq millions et demi à répartir entre
les deux compagnies anciennes et la nouvelle entreprise qui,
sans nul doute, en supportera la plus forte part.

Quelles sont donc les conditions d'utilité et de succès indispensables à l'établissement d'une compagnie générale de
messageries?

Nous citerons en première ligne celles qui ont fait
réussir les deux entreprises de ce genre qui ont acquis un
véritable caractère de force et de durée. Ces compagnies
ont été, comme nous l'avons précédemment fait voir, le
produit lent du temps et de l'expérience : elles se sont
constituées avec des élémens préexistans, en absorbant en
elles, en rattachant à un centre commun des services qui
étaient exploités isolément. Ainsi elles ont respecté les faits
et les intérêts qui avaient précédé leur venue ; elles n'ont
point apporté sur les routes la guerre et la perturbation ;
loin de là, elles se sont présentées comme des gages d'union
et d'harmonie. Il existe aujourd'hui, comme avant 1827,
époque de la formation de la compagnie Laffitte, un cer-

tain nombre de services spéciaux : il circule sur les principales routes dont Paris est le point de départ beaucoup de
voitures indépendantes des deux entreprises générales.
Travaillez, comme l'ont fait les fondateurs de cette compagnie, à réunir tous ces services ; placez à la tête d'une
telle association des hommes d'une moralité et d'une intelligence éprouvées, et vous aurez créé une nouvelle entreprise générale qui s'établira sans contestation, et qui réussira probablement au même titre que ses devancières.

Etes-vous en possession de quelque secret, de quelque
perfectionnement industriel, de quelque combinaison d'art
ou de finances qui vous donne la certitude de réaliser un
progrès réel et de faire mieux que l'on n'a fait encore, soit
en réduisant les frais de production, soit en exécutant, au
prix d'une dépense égale, un service incontestablement supérieur ? Dans ce cas encore, présentez-vous hardiment ; car
vous apportez avec vous votre raison d'être, et l'intérêt public est la sauve-garde du vôtre. C'est dans des conditions de
ce genre que les entreprises de chemins de fer sollicitent la
faveur de l'opinion, et personne n'a songé à contester la légitimité des titres en vertu desquels les locomotives à vapeur viennent remplacer les messageries ; ces titres sont la
vitesse et le bon marché réalisés à un degré supérieur.
Qu'un entrepreneur, une compagnie de messageries, pos-
sédant, avec le capital nécessaire à une entreprise générale, le privilége d'un véritable perfectionnement industriel, dont le résultat soit d'abaisser la dépense ou d'accroî-
tre, sans augmentation de frais, la vitesse actuelle des transports, et l'entreprise aura tous les moyens, non pas seulement de lutter avec les compagnies existantes, mais même
de les évincer complétement. Nous disons que l'innovation
progressive sur laquelle elle repose doit être l'objet d'un
privilége, ou du moins doit être de nature à ne pouvoir
être facilement et promptement imitée, sans quoi il n'y au-

rait pas chance d'exploitation exclusive, et partant, point de supériorité réelle acquise aux nouveaux venus.

C'est ainsi, par exemple, que la compagnie Armand-Lecomte prétendait avoir imaginé un mode de chargement des voitures, qui lui permettrait de réduire ses attelages d'un cheval, et la dépense des relais d'un cinquième ; amélioration importante que les autres entreprises ne pourraient réaliser de long-temps, parce qu'elles ne pourraient se l'approprier que par le renouvellement intégral de leur dispendieux matériel. Or, il arriva que le chargement *en contre-bas* de la compagnie Armand-Lecomte ne put se maintenir à l'épreuve des faits, et que ce ne fut pas l'ancien matériel, mais le nouveau, construit d'après cette fausse donnée, qui se trouva frappé de non-valeur. Si la compagnie Armand-Lecomte avait réussi à réduire d'un cinquième la dépense des relais, qui est l'article le plus onéreux du budget des messageries, elle l'aurait infailliblement emporté sur ses rivales ; dans le cas contraire elle devait succomber, comme elle succomba en effet, sans qu'il y ait lieu de chercher la cause de sa chute ailleurs que dans ses faux calculs.

Le fait le plus propre à déterminer la formation d'une concurrence, en dehors même des conditions de succès que nous venons d'énoncer, ce serait l'existence avérée d'un monopole qui serait la source de bénéfices illégitimes extorqués au public par le moyen de tarifs exorbitans. C'est là, en effet, s'il faut en croire les prospectus des faiseurs de projets, la situation que nous ont faite les deux grandes compagnies, en se coalisant pour conserver l'exploitation exclusive des routes de France. Un préjugé assez général, il faut le dire, concourt à faire accueillir ces assertions. Dans notre pays où tout est morcelé, la terre, les capitaux et l'industrie, le soupçon et l'envie s'attachent facilement aux grandes entreprises ; toute œuvre qui dépasse la portée des forces individuelles peut être signalée avec succès aux défiances de la multitude, comme empreinte d'une sorte de caractère de féodalité. Sur ce point, nos instincts démocratiques, nos préjugés égalitaires, sont en contradiction flagrante avec nos velléités de progrès économique ainsi qu'avec les tendances sociales; car il est évident que l'avancement industriel se réalise dans toutes les directions par l'envahissement des grands ateliers et des gros capitaux, dont la concurrence victorieuse tend sans cesse à détruire les industries parcellaires et les petites exploitations. L'esprit d'association se chargera peu à peu de résoudre le problème d'une conciliation salutaire entre la division des fortunes, base et garantie du bien-être général, et la concentration des forces industrielles, qui est l'inévitable condition de la puissance, de la perfection et du bon marché du travail. Mais, en attendant que nous en soyons arrivés là, les entreprises organisées en grand, conformément à la loi du progrès industriel, sont exposées à se voir jalousées, suspectées, calomniées, comme le sont aujourd'hui les principales exploitations de messageries.

Les bonnes gens qui, en 1839, croient à l'existence possible d'une féodalité industrielle, dont les hauts barons, à l'instar de ceux du moyen âge, s'empareraient des grandes routes pour y rançonner les voyageurs, oublient qu'il n'y a pas de féodalité possible sans privilèges; or, nous avons beau regarder, nous ne voyons pas de quel privilége jouissent les entreprises de messageries, si ce n'est celui d'être tributaires des maîtres de poste, exercées par les droits réunis, et contraintes de payer, pour l'entretien des routes et la conservation des relais publics, plus du quart de leurs recettes brutes. Ce monopole dont on accuse deux compagnies proviendrait-il de l'importance de leur capital? Mais si elles abusaient, comme on le prétend, des avantages de leur position pour pressurer le public et réaliser à ses dépens des bénéfices trop élevés , serait-il donc bien difficile de réunir un capital suffisant pour lutter contre elles à armes égales et leur arracher un sceptre usurpé ? N'était-ce pas la prétention de la compagnie Armand-Lecomte qui, à la faveur des préventions publiques, avait réussi à rassembler pour dix millions de souscriptions, somme plus forte que les capitaux réunis des deux compagnies avec lesquelles elle voulait rivaliser ? Et pourquoi , dans ces jours de spéculations téméraires que nous avons récemment traversés, personne n'a-t-il songé à renouveler cette tentative d'une concurrence en messageries fondée sur un capital créé dans de larges proportions , sinon parce que l'échec éclatant d'une entreprise organisée sur cette base a désabusé l'opinion publique sur cette prétendue puissance du capital , et forcé ainsi les entrepreneurs de concurrences à se mettre en quête d'autres combinaisons ?

Mais ce qui n'est pas possible aujourd'hui, parce que les compagnies n'abusent point de leurs avantages , parce que leurs tarifs sont aussi modérés que possible, parce que leurs bénéfices n'excèdent pas les proportions normales , deviendrait non seulement réalisable , mais facile, du jour où, se jetant dans une tout autre voie, elles donneraient à la France le scandaleux spectacle d'une poignée de traitans, de loups-cerviers, s'engraissant des profits abusifs d'un monopole odieux. Poursuivies par les anathèmes de l'opinion publique, traquées de tous côtés par la concurrence qui se produirait sous mille formes diverses, elles ne tarderaient pas à succomber sous le poids des intérêts qu'elles auraient froissés, des hostilités et des haines qu'elles auraient suscitées. Cette perspective n'arrêterait peut-être pas des spéculateurs aventureux opérant sur les capitaux de la plèbe actionnaire , gent taillable et corvéable à la discrétion des suzerains de la commandite. Mais personne ne conteste que les chefs des deux compagnies dont nous parlons ne soient des industriels sérieux, des hommes honorables voulant faire vie qui dure, ayant engagé sans retour dans leurs entreprises leurs capitaux personnels, leur avenir et celui de leurs familles. On ne croit guère à l'abnégation patriotique, au désintéressement chevaleresque des entrepreneurs d'industrie, et l'on a raison; mais l'on croit, l'on doit croire à leur dévouement pour leur intérêt bien entendu. Or, l'intérêt le plus pressant de ceux dont il s'agit est de ne point provoquer des concurrences que des prétentions exorbitantes de leur part placeraient dans les conditions les plus favorables de vie et de succès. Cet intérêt leur commande de tenir toujours leur exploitation au niveau des besoins publics, d'entretenir sur les routes autant de voitures que la circulation peut le comporter, parce que tout développement de leurs services réduit la charge relative de leurs frais généraux, et de s'arranger enfin pour que ces voitures soient constamment garnies de voyageurs et de marchandises, parce que le vide en messageries est une perte absolue. Telles sont les causes non suspectes qui garantissent au public la modération des tarifs des grandes compagnies; causes analogues à celles qui portent les compagnies de chemins de fer, bien qu'en possession d'un véritable monopole de fait et de droit, à faire descendre spontanément leurs prix fort au dessous de ceux que la loi leur permet d'exiger.

Les faits que nous fournit l'histoire des messageries en France confirment ces inductions du raisonnement. S'il existait réellement un monopole abusif sur les routes, ses exigences auraient dû croître progressivement depuis un demi-siècle, en raison des besoins croissans de la circulation. Or, c'est le fait précisément contraire qui s'est réalisé. La circulation des voitures partant de Paris est aujourd'hui vingt fois plus considérable qu'en 1789; le prix des fourrages, des chevaux, des salaires, les frais de construction des voitures, ont plus que triplé; la vitesse obtenue a presque quadruplé, ce qui n'a pu se réaliser qu'au prix d'une énorme augmentation dans la dépense capitale des relais. Eh bien! malgré toutes ces causes d'accroissement dans les dépenses, le prix des transports a constamment décru. Le prix moyen des places était, en 1789, d'un franc par lieue, alors que vingt-cinq voitures partant de Paris à heure fixe recevaient moyennement cent quarante voyageurs par jour. Le transport des marchandises, par cent kilogr. et par cent lieues, ne coûtait pas moins de 200 fr. En 1825, lorsqu'il n'existait qu'une seule entreprise générale, le prix des places était déjà tombé en moyenne à 60 centimes par lieue; il n'est plus aujourd'hui que de 44 centimes! Le prix du transport des marchandises a été progressivement réduit de 200 fr. à 40 fr., c'est-à-dire des quatre cinquièmes.

Ces résultats presque merveilleux sont principalement dûs aux immenses développemens qu'a pris la circulation. Lorsqu'il partait de Paris tous les jours seulement vingt-cinq voitures à huit places, chaque place devait coûter beaucoup plus cher qu'aujourd'hui, où la contenance des voitures est portée à seize places et où leur nombre a plus que triplé. Mais il n'en ressort pas moins la preuve évidente que l'industrie est loin de s'endormir sur l'oreiller du monopole, que son organisation actuelle n'est exclusive d'aucun genre de progrès, et qu'à son égard le principe de la concurrence, alors même qu'il ne se manifeste point par un violent antagonisme, n'en conserve pas moins toute sa force virtuelle et tous ses effets stimulans.

Ces faits répondent encore à ceux qui prétendent que les deux compagnies accusées de coalition ont pour système de se dédommager amplement, après la chute d'une concurrence, des pertes qu'elles se sont imposées pour la ruiner, en rehaussant d'une manière exorbitante les tarifs qu'elles avaient abaissés avec exagération. Il est constant, au contraire, qu'après une baisse considérable produite par une surabondance accidentelle de services, les prix n'ont jamais dépassé leur taux antérieur et sont même souvent restés un peu au-dessous. C'est qu'une baisse de quelque durée laisse après elle dans le public des habitudes de bon marché contre lesquelles des compagnies, quelque puissantes qu'on les suppose, ne sauraient lutter sans péril. Ces compagnies savent donc très bien, lorsqu'elles se trouvent engagées dans une lutte de concurrence qui leur impose des pertes, que ces pertes seront pour elles sans compensation possible après la lutte; ce qui permet de penser que, lorsqu'elles se décident à subir les ruineux sacrifices que leur impose une baisse forcée, ce n'est pas pour détruire leurs concurrens, mais bien pour obéir à une impérieuse nécessité de conservation.

Que l'on compare les prix de voyage en France à ceux qui existent dans les autres pays de l'Europe. En Angleterre, ce prix pour les places d'intérieur varie de 1 fr. 80 c. à 1 fr. 60 c. par lieue; à ce prix, il est vrai, on obtient une vitesse plus grande que chez nous, grace au meilleur entretien des routes. En Allemagne elles vont de la même vitesse que les nôtres, mais leur prix est supérieur : il s'élève à 55 c. par lieue, et cela malgré le bas prix comparatif des fourrages et de la main-d'œuvre, qui permet d'établir à meilleur marché les relais et le matériel. Dans ce pays on n'alloue au voyageur que le port gratuit de dix-sept kilog. de bagages, et tout l'excédant est taxé au poids sur le même taux que les voyageurs. En Angleterre et en Allemagne, les messageries ne supportent que des impôts très modiques. En France, le prix moyen des places n'excède pas 44 c., sur lesquels il faut prélever 11 c., tant pour l'impôt du dixième des recettes brutes que pour le droit de 25 c. par cheval établi au profit des maîtres de poste.

Enfin, il est dans la question actuelle un fait encore plus

concluant. Si l'on peut dire avec vérité que le prétendu monopole, attribué aux deux grandes entreprises de messageries, se manifeste par l'exagération du tribut qu'elles imposent aux voyageurs, comme après tout elles n'exploitent guère que le tiers des services de la France, les transports doivent s'effectuer à bien meilleur marché sur les routes où leurs voitures ne circulent pas. Eh bien ! c'est précisément le contraire qui a lieu ; c'est sur les routes non desservies par les deux compagnies que les voyages sont les plus chers ; partout où leurs voitures se présentent, leur apparition est signalée par la réduction des tarifs antérieurs. Il est vraiment impossible de comprendre une féodalité plus accommodante, un monopole de meilleure composition.

En résumé, loin que le pays ait à se plaindre de l'organisation actuelle des services de messageries, il est évident que cette grande industrie est depuis un demi-siècle en progrès sous tous les rapports ; progrès de *comfort* dans les voitures et de vitesse dans leur marche, progrès de bon marché, progrès de diffusion sur tous les points, progrès de centralisation des services. Tout cela s'accomplit par la force des choses, à travers toutes les entraves légales résultant des lois sur la police du roulage, des impôts spéciaux et exorbitans, etc.

Multiplication des services sur toutes les routes, tendance à leur réunion en compagnies générales, voilà le double fait constitutif de l'industrie des messageries. Ce sont là les résultats des besoins croissans de la société, de l'harmonie unitaire établie depuis Louis XIV dans le réseau général de nos voies de terre qui rayonnent de Paris vers tous les points du territoire, enfin de l'action naturelle de la liberté de l'industrie.

Une entreprise générale est la forme la plus parfaite de ce genre d'exploitation : elle seule peut réduire le prix des transports à leur strict *minimum*, assurer aux voyageurs l'exacte correspondance des voitures d'un bout de la France à l'autre, soutenir dans les contrées les plus défavorisées des services improductifs comme complément des autres services. Mais une telle entreprise ne saurait, sans de graves inconvéniens, surgir du jour au lendemain; pour arriver en temps opportun, elle doit être le dernier terme d'une série de progrès partiels qui ne peuvent être que l'œuvre laborieuse du temps. Le nombre des compagnies générales est donc limité par la nature des choses, et c'est une grave erreur de considérer toute concurrence qui s'élève en dehors de cette limite comme un bienfait public ayant droit à tous les encouragemens de l'opinion.

Les établissemens actuels forment la transition entre un ancien monopole gouvernemental et un autre monopole réservé à l'avenir, celui des compagnies de chemins à la vapeur. Il n'est donc pas surprenant que cette industrie, bien que légalement abandonnée à la compétition individuelle, à la concurrence sans frein, présente dans ses formes et dans ses conditions quelque analogie apparente avec ce qui fut dans le passé, comme avec ce qui sera dans l'avenir de la circulation. Il n'y a pas cependant de monopole réel, pas plus que dans beaucoup d'industries où le nombre des entreprises est limité par des circonstances de temps et de lieux.

Après ces explications qui étaient nécessaires pour faire justice de beaucoup de préjugés trop répandus, nous serons plus à l'aise pour examiner les questions soulevées par la Compagnie des *Messageries françaises*, et pour apprécier les doctrines qui, à cette occasion, ont trouvé faveur auprès de quelques tribunaux.

En 1837, une nouvelle entreprise générale s'organisa, sous le titre de *Messageries françaises*. Les prospectus publiés à cette occasion annoncèrent un système entièrement neuf, à l'épreuve de toute concurrence, et dont le principal avantage était de réduire considérablement le capital nécessaire à une exploitation de ce genre. Ce système reposait sur deux grandes bases : association en participation avec les relayeurs et maîtres de poste ; fourniture, entretien, renouvellement et remisage des voitures, moyennant un prix déterminé par poste, en vertu de traités d'abonnement passés avec des carrossiers. Les gérans annonçaient qu'une semblable organisation pouvait résister à toute concurrence, et qu'elle garantissait aux actionnaires, dans l'hypothèse même de la baisse la plus forte qu'on eût jamais vue, c'est-à-dire de plus de cinquante pour cent, terme moyen, un dividende annuel de treize pour cent.

L'entreprise des Messageries françaises est en activité depuis près de deux ans ; la baisse que son apparition a déterminée est fort loin d'avoir atteint le *maximum* prévu dans les prospectus qui ont déterminé la confiance des actionnaires, et pourtant, au lieu des bénéfices qu'on leur avait garantis, les gérans accusent des pertes considérables. Ce fait en lui-même n'a rien d'extraordinaire ; il s'est produit malheureusement dans la plupart des entreprises en commandite contemporaines de la société des Messageries françaises ; les prospectus de cette compagnie n'ont été ni plus ni moins décevans que ceux de beaucoup d'autres. Il n'y a pas lieu non plus de s'étonner que ces déceptions aient engendré des procès ; c'est ce dont on a vu plus d'un exemple récent et fameux. Mais jusqu'à présent le débat s'était engagé entre les actionnaires et les gérans, les premiers disant aux seconds : Vous nous avez abusés par des promesses

mensongères ; rendez-nous l'argent que nous vous avons
confié. Ici ce sont les gérans qui , par une savante initiative
et une diversion habilement calculée, se hâtent de crier
au voleur ! et demandent compte à la concurrence du désap-
pointement de leurs actionnaires. L'administration des
Messageries françaises prévient les récriminations de ses
co-intéressés en accusant deux compagnies rivales de la
ruiner par une coalition et par des manœuvres frauduleuses;
elle prétend faire condamner ces compagnies à l'indemniser,
non seulement des pertes qu'elle a éprouvées , mais encore
des bénéfices que devait lui assurer l'excellence de son système. Il semble d'abord difficile de prendre de semblables
prétentions au sérieux ; pourtant, depuis qu'elles ont été
accueillies et consacrées par un tribunal de police correctionnelle , qui apparemment ne plaisante pas , il est devenu
indispensable d'en discuter la légitimité et les conséquences.

L'on a d'abord soutenu , au nom des Messageries françaises , que les deux entreprises rivales avaient été constamment en état de coalition ; on l'a prouvé par la ruine de
toutes les entreprises qui avaient essayé de leur faire concurrence , et par la convention du 12 juin 1827. Nous avons
établi quel fut le véritable caractère de cette convention :
nous avons dit qu'elle avait été aussi utile au public que
nécessaire aux parties contractantes. Ici nous pouvons in-
voquer l'autorité même de l'avocat des Messageries françaises : Me Baroche a dit que si les deux compagnies
n'avaient pas prévenu par un pacte d'union la lutte qui
devait résulter de leur présence simultanée sur les routes , *cette lutte ne devait se terminer probablement que par
l'anéantissement des deux entreprises rivales.* Quant aux
concurrences qui se sont produites plus tard, et dont Me Baroche a déploré la ruine, en accusant les deux compagnies
de l'avoir méchamment provoquée, nous lisons dans un des

prospectus de la Compagnie française une appréciation de ces tentatives avortées qui justifie suffisamment ses adversaires : « La nouvelle compagnie, disaient les gérans, ne « vient pas, *à l'exemple de celles qui l'ont précédée, essayer de* « *renverser, par la seule puissance des écus, ce qui existe pour* « *s'établir sur des ruines.* » Ainsi, jusqu'à présent, les accusations dirigées contre les deux compagnies se réduisent, d'une part, au reproche de n'avoir pas voulu s'anéantir mutuellement, de l'autre, à celui de ne s'être pas laissé renverser par des gens qui aspiraient à s'établir sur des ruines. Tout cela vient merveilleusement en aide à l'opinion que nous avons émise sur les mêmes questions.

On lit un peu plus loin, dans le prospectus déjà cité : « Une des preuves qu'il y a place aujourd'hui pour une troi- « sième compagnie, c'est le grand nombre de petits services « qui, sans appui, sans capitaux, malgré tous les moyens « employés contre eux, surgissent sur tous les points de la « France, résistent sur quelques routes à tous les efforts, « sur d'autres ne cèdent qu'à de grands sacrifices et se font « chèrement acheter. » Cela prouve, en effet, qu'il y a place pour une troisième compagnie, si elle se forme de la réunion d'un assez grand nombre de ces services isolés, comme se sont formées les deux compagnies préexistantes ; cela met au néant l'accusation banale de monopole articulée contre celles-ci, en démontrant que les voies de la concurrence ne sont point fermées, partout où la concurrence est appelée par les besoins de la circulation. Mais ce n'est pas notre faute si les gens sensés en concluent, à l'encontre du prospectus, que la Compagnie française était radicalement inutile.

Les avocats de la Compagnie française ont soutenu que l'art. 419 du Code pénal, relatif aux coalitions, est applicable à l'industrie des Messageries, et que la convention du 12 juin 1827, passée entre les deux Compagnies royale et générale, présentait les caractères d'un pacte de coalition.

Nous n'examinerons pas ici la première de ces deux assertions, qui a été débattue à satiété par les jurisconsultes, à grand renfort de sophismes, d'aphorismes et de barbarismes latins. Quant au caractère de la convention du 12 juin, nous avons déjà fait voir que son objet unique avait été de régler à l'amiable la répartition des services entre les deux compagnies : nous avons dit que ce pacte n'avait été accepté par la Compagnie royale qu'à contre-cœur et sous l'empire de la nécessité, en dehors de ces relations d'intérêts communs et d'avantages identiques sans lesquelles on ne saurait concevoir un traité de coalition. Cette assertion est pleinement confirmée par les faits : en 1834, on voit, en effet, la Compagnie royale se pourvoir devant un tribunal arbitral pour obtenir la résiliation du traité du 12 juin, et la Compagnie générale résister avec force à cette prétention, qui est rejetée par les arbitres. En 1836, intervient un arrêt de la cour de cassation qui déclare l'art. 419 du Code pénal sur les coalitions applicable à l'industrie des transports ; aussitôt les deux compagnies, dans la prévoyance du parti que l'on pourrait tirer contre elles du traité qui les unissait, en essayant de le transformer en pacte de coalition, décident d'un commun accord, d'après l'avis de leurs conseils, que ce traité sera résilié. L'on prétend aujourd'hui que cette résiliation n'a été qu'un mensonge, une comédie. Posant toujours en fait que le traité du 12 juin avait pour but de ruiner les concurrences par une coalition d'efforts et de ressources, l'avocat des Messageries françaises a peine à croire à la réalité d'une rupture, au moment même où s'organisait une nouvelle et formidable concurrence, celle de ses cliens. Mais il est bien évident au contraire que c'était plus que jamais le cas de se mettre à l'abri des procès en coalition, sur lesquels les Messageries françaises avaient spéculé selon toute apparence ; car, dans une circulaire publiée par les gérans, le 16 décembre 1836, c'est-à-dire au moment même où les deux compagnies résiliaient leur traité, l'arrêt rendu le 9 du même mois par la cour de cassation est signalé comme un fait qui doit inspirer une entière confiance aux actionnaires que l'on presse de placer leur argent dans la nouvelle entreprise.

L'avocat des Messageries françaises a dit que cette compagnie avait voulu d'abord maintenir les prix en adoptant les tarifs des compagnies rivales, auxquelles elle *avait fait des ouvertures* dans ce sens. La Compagnie française ne trouvait donc pas alors qu'il y eût délit à s'entendre avec ses rivaux pour *ne vendre qu'à un certain prix,* comme dit l'article 419 du Code pénal ; elle trouvait bon de conserver le soi-disant monopole, pourvu qu'elle en eût sa part. Le but de ses *ouvertures* était une véritable coalition ; les deux compagnies qui avaient rompu un traité parfaitement licite d'ailleurs, de peur non pas d'être mais de paraître coalisées, ont été conséquentes avec elles-mêmes en refusant loyalement d'entrer dans les vues de la Compagnie française : elles ont voulu maintenir avec la nouvelle venue cette *concurrence libre et naturelle du commerce* ordonnée par le Code pénal et par l'arrêt de la cour de cassation, comme elles l'avaient établie entre elles-mêmes. Et c'est la compagnie française qui les accuse aujourd'hui de coalition ! Et M. l'avocat du roi près la sixième chambre du tribunal de Paris, si sévère contre les coalitions, n'a pas fait de réserves, dans l'intérêt de la vindicte publique, contre une tentative manifeste, avouée, de coalition, qui n'a manqué son effet que par des circonstances indépendantes de la volonté de ses auteurs !

Et remarquez bien la différence. Les deux compagnies que l'on accuse d'un concert coupable pour monopoliser les transports ont toujours dit : Le prix de 44 centimes par lieue que nous demandons aux voyageurs ne saurait être abaissé d'une manière permanente sans compromettre notre industrie ; c'est le *minimum* de ce que nous pouvons réclamer dans l'état actuel des choses pour rentrer dans nos frais, amortir nos dépenses de premier établissement et obtenir, indépendamment de l'intérêt de nos capitaux, un bénéfice suffisant pour nous indemniser de notre travail et compenser jusqu'à un certain point les chances de pertes auxquelles nous sommes exposées. Qu'a dit au contraire, en s'établissant, la Compagnie des messageries françaises ? Elle a soutenu que, grace à ses combinaisons particulières, elle se trouvait en mesure de supporter une baisse de 50 à 60 p. %, non seulement sans perte, mais encore en donnant à ses actionnaires des dividendes supérieurs à ceux qu'obtiennent en temps ordinaires les actionnaires de la compagnie Laffitte. Nous devons croire que ces promesses étaient faites avec une entière sincérité; mais alors que l'on juge des énormes bénéfices que la Compagnie française entendait s'approprier, en proposant à ses rivales de se concerter avec elle pour maintenir les prix, lorsque, par la concurrence libre et naturelle du commerce, l'apparition soudaine sur toutes les routes d'un grand nombre de services nouveaux devait rompre l'équilibre entre l'offre et la demande des transports, et produire une baisse inévitable dans les tarifs.

Les compagnies existantes n'ont pas accueilli la proposition si honnête et si désintéressée des Messageries françaises : elles ont voulu rester dans la loi et dans la vérité. Elles ont fort bien pu répondre, comme l'assure Me Baroche : *Il y a assez de voitures sur les routes*, car s'il n'y en avait pas eu assez, c'est-à-dire si la circulation avait pu en alimenter davantage, leur intérêt leur aurait prescrit d'augmenter leurs services ; elles en avaient les moyens et elles n'y auraient pas manqué. Elles ont pu ajouter avec beaucoup de raison qu'un excédant de services amènerait la baisse ; « car comme dit J.-B. Say, *abondance et bas*

« *prix* ne sont pas deux faits qui se suivent, c'est un seul
« et même fait exprimé par deux mots différens. »

La baisse s'est produite en effet, du moins sur les routes
où le nombre des voitures a augmenté ; car un fait bien important à noter, c'est qu'il est telle route, celle de Lille
par Péronne, par exemple, où les deux compagnies ont
successivement réduit leurs services pour faire place au
service entier créé par la Compagnie française, et où nulle
baisse appréciable ne s'est produite. Sur telle autre route,
comme celle de Bordeaux, où la Compagnie royale a
jeté un nouveau service en même temps que la Compagnie française, la baisse a été plus intense que partout ailleurs, parce que la surabondance a été plus grande. En
moyenne, la baisse produite par l'avènement de la Compagnie française a été d'environ 28 p. $\%$; et il est à remarquer que pendant le même temps une baisse moyenne
de 36 p. $\%$ s'effectuait sur les routes où cette compagnie
n'avait pas paru, et sous la seule influence de la lutte en-
gagée, depuis la rupture du traité de 1837, entre les Compagnies royale et générale que l'on prétend coalisées !

Et si ce fait ne suffisait pas pour démontrer l'énergie et
la vérité de cette lutte, à notre avis déplorable, mais com-
mandée par l'invasion plus déplorable encore d'une jurisprudence qui menace de jeter une grave perturbation dans
l'industrie, l'opposition des intérêts et des vues entre les
deux compagnies incriminées ressortirait avec une complète évidence de l'opposition des moyens employés par
toutes deux pour faire tête à l'orage. La Compagnie royale
a augmenté considérablement ses services, depuis l'apparition de la Compagnie française, tandis que la Compagnie générale a démonté ou réduit les siens sur près de
mille lieues de parcours. Or, *l'égalité des services* était la
base fondamentale de la convention du 12 juin 1827 ; et l'on
soutiendrait que cette convention n'est pas sérieusement
rompue !

Voilà pour la logique et l'équité ; voyons maintenant comment l'économie politique a été traitée dans cet étrange procès. L'on a beaucoup parlé de baisse illicite, de baisse exagérée : mais qu'on y prenne garde ; c'est ici une question de chiffres, et c'est au calcul à décider. M. l'avocat du roi près la 6ᵉ chambre nous dit bien que *sa raison, sa conscience* se refusent à comprendre une baisse de 50 p. $^{o}/_{o}$, en cas de concurrence de voitures ; une baisse d'un franc, telle, a-t-il dit, que l'a opérée la Compagnie française sur la route de Bordeaux, voilà tout ce qu'il peut admettre. Certes, il y a dans cette solution si facilement trouvée, si clairement aperçue, de quoi confondre de surprise et d'admiration quiconque a exercé les forces de son esprit sur les mystères compliqués de la science économique. Si l'on s'avisait de poser aux oracles de cette science la question suivante : Quand deux Messageries desservent habituellement une route, et qu'une troisième voiture s'y présente pour faire le même service, quelle sera l'influence de ce fait sur le prix des transports ? Un Say, un Macculloch trouveront la question fort difficile à résoudre avec quelque précision ; avant de répondre, ils demanderont à s'éclairer de l'expérience des hommes spéciaux, de l'étude des élémens de l'industrie des transports, des lumières de la statistique sur l'extension possible de la circulation dans une direction donnée, etc. Cela fait, nul d'entre eux ne se hasardera très probablement à établir une formule exacte, faute de pouvoir tenir compte de tous les élémens de la solution demandée. Nous voyons clairement, vous diront-ils, que dans votre hypothèse la baisse est inévitable ; nous pensons qu'elle doit s'opérer dans un certain rapport avec le nombre des nouvelles places offertes au public : elle ne s'arrêtera qu'au terme où la demande se trouvera suffisamment stimulée par le bon marché pour que toutes les voitures soient occupées : mais ce terme est impossible à préciser rigoureusement.

Voilà ce que répondra le savant modeste qui a appris, dans ses études consciencieuses, que la détermination des influences dont dépend le prix courant des choses commerçables est d'une difficulté que peut à peine résoudre le tact du négociant le plus consommé dans chaque spécialité. Si cette réponse vous paraît peu satisfaisante, ne vous en prenez qu'à vous-mêmes. Que n'alliez vous trouver, au lieu d'un économiste, un avocat du roi, un jurisconsulte ayant appris l'économie politique dans le Code pénal? Oh! celui-là n'aurait pas fait tant de façons ; il vous aurait dit, sans hésiter, sur l'autorité de sa raison et de sa conscience, qu'en ajoutant une voiture à deux voitures, il doit en résulter une baisse d'*un franc,* pas un centime de plus.

Mais il nous semble que la conscience et la raison de M. le procureur du roi se sont étrangement égarées dans cette circonstance. Nous tenons, nous, la baisse d'un franc de la Compagnie française, pour morale et licite, tout autant que la baisse de 50 p. % qu'il reproche aux autres Compagnies comme une énormité. Mais si nous voulions nous placer à son point de vue, et caractériser chaque baisse par l'intention que l'on peut supposer à ses promoteurs, nous prouverions facilement que, en fait de cupidité et d'immoralité, la baisse d'un franc va beaucoup au delà de la baisse de 50 p. %.

Quel a dû être en effet le raisonnement sur lequel on s'est fondé pour réduire d'un franc le prix du transport de Paris à Bordeaux? On a évidemment calculé que, toutes choses égales d'ailleurs, cette baisse suffirait pour déterminer la préférence du public, de telle sorte que pas un voyageur n'irait aux deux autres entreprises que lorsqu'il n'y aurait plus une seule place à prendre aux Messageries françaises. On a bien compris d'ailleurs que cette réduction du prix serait trop minime pour déterminer, sur une ligne d'un si long parcours, aucun accroissement de matière transportable. La Compagnie française voulait donc que sur trente-deux voyageurs partant de Paris pour Bordeaux, les seize premiers vinssent à elle de toute nécessité, tandis que les deux Compagnies rivales n'auraient que l'excédant variable à partager par égalité. Cette baisse d'un franc était donc ce qu'il y avait de mieux calculé pour détruire toute concurrence, c'est-à-dire, en se plaçant au point de vue de M. l'avocat du roi, la manœuvre la plus frauduleuse qu'on pût employer.

Mais la baisse d'un franc forçait les deux Compagnies à une baisse égale, et les Messageries françaises, conséquentes avec elles-mêmes, devaient encore baisser d'un franc pour rester avec leurs rivaux dans les mêmes rapports où elles avaient d'abord voulu se placer. Ainsi, pour se conformer à la doctrine de M. l'avocat du roi, les trois Compagnies auraient dû à l'envi l'une de l'autre baisser chaque jour leurs tarifs d'un franc pendant un mois, deux mois peut-être, poser chaque jour de nouvelles affiches, faire chaque jour de nouvelles déclarations à la régie ; on serait ainsi arrivé, par une série d'échelons, à la baisse de 50 p. %, et M. l'avocat du roi n'y aurait rien trouvé à redire, parce qu'au lieu de faire une baisse de 40 à 50 francs à la fois, ce qui, dans ses idées, est préjudiciable aux intérêts du commerce, on aurait fait 40 ou 50 baisses d'un franc, ce qui eût été accepté par lui sans difficulté, comme le résultat d'une libre concurrence. Mais qu'il nous soit permis de le répéter encore, la baisse est une conséquence nécessaire et proportionnelle de la surabondance des services. Deux voitures desservent une route ; une troisième survient, le messagiste qui connaît son métier voit d'un coup d'œil qu'il en résultera une baisse d'un tiers sur les prix, et il s'exécute sur-le-champ, parce qu'il serait véritablement puéril de s'amuser à parcourir successivement tous les degrés de la baisse, au lieu d'arriver de suite au terme prévu. Il sait parfaitement, en opérant ainsi, que ses rivaux l'imiteront; mais la baisse ainsi entendue les placera vis-à-vis de lui dans des conditions tout-à-fait loyales et équitables, car une notable réduction de prix augmentera inévitablement le nombre des voyageurs et des articles de messageries de manière à ce qu'il y en ait pour tout le monde ; tandis qu'une baisse insignifiante pour la circulation signale, chez celui qui la fait, des prétentions manifestes au monopole, et ne profite en rien au public.

Ainsi, en cas de concurrence, la baisse simultanée, considérable, est un fait aussi licite que logique et nécessaire de la part des entreprises existantes. Se pourrait-il que ce fait fût punissable devant le Code pénal? Mais ce Code n'est pas si absurde qu'on veut le faire ; il se garde bien, au moment où il fait appel à la libre et naturelle concurrence du commerce, de réprouver, à quelque degré que ce soit, la hausse ou la baisse en elle-même ; il ne condamne que la hausse ou la baisse opérée par des voies et moyens frauduleux. Ainsi, quand le fameux Cochrane faisait arriver, en vue du *Stock-Exchange* de Londres, des courriers tout poudreux apportant de prétendues nouvelles qui devaient favoriser ses spéculations sur les fonds publics, il était dans le cas prévu par l'article 419 du Code pénal, car il faisait la hausse ou la baisse par des moyens frauduleux. S'il s'était borné à produire l'une ou l'autre en achetant ou vendant au dessus ou au dessous des prix offerts ou demandés par d'autres, il n'aurait fait que des actes licites de commerce comme il s'en fait à chaque instant. Or, comment les Messageries font-elles la hausse et la baisse? Par le moyen le plus loyal, le moins frauduleux qui se puisse concevoir, par la publicité des prix qu'elles déclarent vouloir réclamer des voyageurs.

La loi n'a nullement entendu que la hausse et la baisse pussent être considérées en elles-mêmes comme des moyens frauduleux. Si elle l'avait entendu ainsi elle n'aurait pas dit :

ceux qui par des voies et moyens frauduleux auront opéré la hausse ou la baisse; elle aurait dit : *ceux qui auront opéré une hausse ou une baisse qui par son exagération puisse être réputée frauduleuse.*

Mais alors elle aurait fait une chose monstrueuse et déplorable : elle aurait appelé les magistrats à intervenir à chaque instant dans les transactions du commerce, pour contrôler les prix courans, examiner si les marchands vendent trop cher ou à trop bon marché, et punir ceux qui opèreraient au dessus ou au dessous du cours, par des motifs que le juge ne peut apprécier, et dont l'intérêt individuel est le seul arbitre compétent. Nous aurions en principe la liberté commerciale, mais cette liberté serait tempérée par des jugemens de police correctionnelle. Qu'un boulanger vende du pain à d'autres conditions que ses confrères, vous, Juge, si vous êtes à Paris, vous le condamnerez à l'amende; si vous êtes à Constantinople, vous le ferez clouer par l'oreille à la porte de sa boutique, et vous serez tout-à-fait dans la légalité ; car il y a pour le pain une taxe administrative qui fait loi, et devant laquelle s'efface le principe de la liberté des transactions. Par la même raison, si un conducteur d'*omnibus* demandait plus ou moins de 30 c. à ceux qui montent dans sa voiture, il y aurait de sa part contravention punissable. Mais lorsque l'on a vu dernièrement l'entreprise des voitures qui desservait le trajet du Pecq à Saint-Germain pour 25 centimes abaisser son prix à un sou, c'est-à-dire de 80 p.°/₀, à l'apparition d'une concurrence, le ministère public est resté coi, il n'a point saisi les foudres du Code pénal pour réprimer une baisse si énorme comme un délit justiciable de l'art. 419. Pourquoi donc, qu'on nous le dise, tant de tolérance dans un cas, tant d'indignation dans un autre cas parfaitement identique?

« Baissez vos prix tant que vous voudrez, a dit M. le
« procureur général Dupin à la cour de cassation, mais

« ne vous coalisez pas. » Ainsi ce magistrat, qui a fait appliquer l'art. 419 à l'industrie des messageries, ne trouve pas plus que nous que la baisse en elle-même, à quelque degré qu'elle s'opère, puisse être considérée comme illicite : il ne réprouve que la baisse opérée par une coalition. Soit ; mais alors que l'on ne se serve pas de la baisse pour prouver l'existence de la coalition, afin de se servir ensuite du grief de la coalition pour incriminer la baisse. Car c'est dans ce cercle vicieux que s'agite incessamment l'accusation qui pèse sur deux grandes Compagnies. Quant aux imputations de voies et moyens frauduleux, le tribunal de police correctionnelle en ayant lui-même fait justice, nous ne nous y arrêterons pas.

Il ne reste donc de tout cet échafaudage de griefs que celui de coalition. Ce grief repose sur un certain nombre de similitudes que l'on signale dans la manière d'opérer des deux Compagnies, tant à l'égard de leurs relayeurs et de leurs correspondans qu'à l'égard du public. Or ces similitudes s'expliquent d'elles-mêmes par l'*identité de position et d'intérêt*, termes que nous empruntons à un jugement remarquable, rendu le 11 de ce mois dans une cause parfaitement semblable, par le tribunal d'Angoulême (1). Ce tribunal a reconnu, par l'examen des documens produits par les parties intéressées, « que sur tous les points où « les deux compagnies marchent de concurrence, cha- « cune agit dans son intérêt personnel, soit en maintenant « et augmentant ses services sur divers points, soit en « prenant un intérêt dans les entreprises particulières, « afin de se faire réciproquement une concurrence plus « active ; qu'il résulte notamment de la correspondance « des nombreux préposés de l'administration des Messa- « geries royales qu'ils ont signalé à cette administration, à

---

(1) **Voir à la fin** le texte de ce jugement.

« différentes reprises, les concessions et compositions qui
« étaient autorisées par la compagnie Laffitte et Caillard,
« desquelles il résultait un préjudice notable pour la Com-
« pagnie royale, en demandant à celle-ci de les autoriser,
« pour soutenir la concurrence, à consentir aux mêmes
« concessions et aux mêmes rabais ; que tous ces faits sont
« destructifs des différentes assertions de la compagnie
« Penicault, en ce qui regarde l'accord et l'intelligence qui
« régnaient entre elles sur les différentes lignes qu'elles
« parcourent ensemble ; qu'on doit en dire autant de l'in-
« duction tirée de la conformité qui se rencontre dans les
« tarifs des mêmes compagnies ; qu'il est évident qu'à
« l'instant où l'une baisse ses prix ou modifie son tarif,
« l'autre doit nécessairement s'y conformer, à moins de
« s'exposer à un préjudice notable si elle maintient les
« siens, etc. »

Ainsi, pour le tribunal d'Angoulême, comme pour nous, il
demeure constant qu'en fait les deux compagnies sont en
état flagrant de concurrence et de rivalité ; qu'en droit
elles peuvent fort légitimement agir de la même manière,
avec ou sans accord, lorsqu'il existe entre elles identité d'intérêt et de position. Si cette dernière doctrine ne trouvait
pas grace devant la cour royale de Paris, nous prendrions
la liberté de signaler à sa vindicte un fait récent qui s'est
passé à la face du soleil, sans que personne ait eu l'idée
de crier à la coalition. On lisait le 26 mars dernier, dans le
Journal du commerce, un avis ainsi conçu :

« ASSURANCES MARITIMES. — Les directeurs des diverses
« compagnies d'assurances de Paris, réunis en comité, ont
« unanimement adopté quelques changemens à la police
« d'assurances en usage sur la place. La police de Paris,
« ainsi modifiée, doit être mise en vigueur *à partir du* 1er
« *avril prochain* » (suit le texte de cette police, où toutes

les conditions des assurances, les prix, les formes, les dé-
lais, sont minutieusement réglés).

Ainsi voilà plusieurs compagnies qui se réunissent pour
concerter ensemble [les conditions qu'elles imposeront au
public. Supposez un *quidam*, se posant comme assureur,
et les accusant de coalition : le tribunal correctionnel de
Paris les condamnera-t-il? Non sans doute. Et cependant il
y a bien là un accord patent, avoué ; la simultanéité, l'identité des actes tendant à opérer en tout aux mêmes prix,
aux mêmes conditions, tout s'y trouve à un bien plus haut
degré que dans le concert dont on accuse les deux entreprises de messageries.

Admettons pour un moment que ce concert existe ; allons
même beaucoup plus loin que les allégations produites contre ces compagnies ; supposons-les unies par un pacte for-
mel d'association, par une complète communauté de profits et pertes. Ce lien sera beaucoup plus étroit que celui
que l'on prétend exister entre elles, et pourtant il n'y aura
pas moyen de les accuser de coalition. Allons plus loin encore, admettons qu'une des deux compagnies a acheté l'autre, tout en laissant subsister les deux bureaux, les deux
agences auxquelles le public a l'habitude d'aller. Il y a dès
lors fusion complète, partant plus de coalition possible.
C'est ce que faisait remarquer avec beaucoup de sens
un honorable membre de la chambre des pairs, dans la
discussion de la loi sur la police du roulage : « Deux com-
« pagnies qui voudraient détruire toutes les concurrences,
« disait M. de Montalembert, n'ont qu'à se fondre ensem-
« ble, même nominalement, pour qu'il n'y ait plus de coa-
« lition. » Si les Compagnies avaient suivi cette indication
si facile, les choses se seraient passées sur les routes absolument comme aujourd'hui ; les Messageries françaises y auraient trouvé la même concurrence, produisant les mêmes
résultats, agissant par les mêmes moyens, et pourtant le

délit qu'elles incriminent aurait complétement disparu. Ces compagnies que l'on accuse de mensonge lorsqu'elles soutiennent que leur accord est rompu n'auraient eu qu'à simuler une fusion complète pour échapper aux procès dont on les abreuve, et elles ne l'ont pas voulu faire. Je me trompe ; le procès actuel n'en aurait pas moins eu lieu, car ceux qui ont besoin d'un procès trouvent toujours moyen de l'intenter ; mais alors on aurait pris sans doute autant de peine pour démasquer leur désunion réelle sous l'apparence d'une fusion mensongère, qu'on en a pris pour démontrer qu'elles sont coalisées, lorsque tout prouve qu'elles se font la guerre.

« L'obscurité, l'ambiguité d'une loi, dit J.-B. Say, fait
« toujours naître des prétentions injustes, devant lesquelles
« succombent trop souvent les droits légitimes. Remarquez
« que l'homme de mauvaise foi, qui spécule sur un vice de
« formes, a tout à gagner et n'a rien à perdre que ses frais.
« Une condamnation ne lui ôte pas ce que le gain du procès
« peut lui donner ; tandis que le propriétaire légitime
« ne gagne rien en gagnant sa cause ; il conserve seulement
« ce qui lui appartient. Avec une mauvaise législation, il
« est impossible de ne pas regarder, comme un conseil rai-
« sonnable, le trait de satire qui termine une épigramme
« de J.-B. Rousseau :

> « Accordez-vous si votre affaire est bonne ;
> « Si votre cause et mauvaise, plaidez. »

Ce peu de mots contient toute la moralité du procès intenté par les Messageries françaises. Quelle en sera l'issue ? Nous l'ignorons. Mais en terminant les réflexions qu'il nous a suggérées, il nous est impossible de ne pas examiner en peu de mots les résultats que produirait une jurisprudence favorable aux prétentions de cette compagnie.

Les Messageries françaises, en s'établissant, ont trouvé

sur leur chemin deux compagnies créées avant elles : elles leur intentent un procès de coalition, fondé sur ce que la guerre que leur présence a fait naître est une lutte de deux contre un. Tout procès de ce genre est par la nature des choses un combat du singulier contre le pluriel. Admettons qu'il survienne une quatrième compagnie ; celle-ci aura affaire, non plus à deux, mais à trois concurrens , et comme les mêmes circonstances amèneront les mêmes résultats, la Compagnie française sera obligée, par l'identité de position, de faire précisément les mêmes choses que les deux autres pour résister à la concurrence. On l'accusera alors de coalition, avec tout autant de motifs qu'elle en a pour accuser ses adversaires actuels ; le nouveau-venu dira aussi qu'il ne peut combattre à armes égales, puisque ses adversaires sont trois contre un, et il en appellera aux tribunaux. Vainement la Compagnie française soutiendra qu'elle n'est nullement coalisée avec les deux autres ; vainement elle prouvera qu'elle est au contraire en état de concurrence constatée par des faits péremptoires ; on lui répondra que ces faits sont arrangés pour mieux cacher son jeu.

Que faire pour sortir de là ? Quelle conduite tenir désormais en face de la concurrence ? Si vous baissez les prix, ce qui est la marche naturelle, obligée, la jurisprudence est là qui vous condamne comme ayant fait une baisse illicite et frauduleuse. Si vous les maintenez, comme le proposait la Compagnie française à ses deux devancières, vous avez le vide dans toutes les voitures rivales, vous vous ruinez bien plus vite et plus sûrement que par la baisse, et vous tombez directement sous l'application de l'art. 419, qui défend de se concerter pour *ne vendre qu'à un certain prix*. Une seule issue reste donc ouverte, c'est de battre en retraite devant la concurrence, et de lui céder sans coupférir un certain nombre de routes, si elle veut bien s'en contenter. Survient une cinquième, une sixième entreprise ;

à chaque création de ce genre, les compagnies existantes sont tenues de transiger de la même manière, en démontant une partie de leurs services, jusqu'à ce que l'on en soit arrivé au morcellement complet, absolu, de l'industrie des transports, à l'extinction de toute centralisation, de tout système général, à l'exploitation de chaque route par une entreprise particulière; en un mot, à la barbarie, à la négation de tous les progrès accomplis jusqu'à ce jour dans cette industrie vitale. Nous ne pouvons croire que les magistrats éclairés de la cour royale de Paris veuillent, en confirmant la doctrine du tribunal de police correctionnelle, accepter la responsabilité des conséquences déplorables que nous venons de signaler.

M. Blanqui, membre de l'Institut, professeur d'économie industrielle au Conservatoire des Arts et Métiers, a publié dans le *Courrier Français* du 17 mars, l'article suivant où les conséquences du jugement de la 6ᵉ chambre sont appréciées avec le talent et la sagacité spirituelle qui caractérisent les écrits de cet habile économiste.

AFFAIRE

DES MESSAGERIES.

Un jugement récent de la sixième chambre du tribunal de première instance de la Seine vient de soulever l'une des plus graves questions d'économie politique de l'époque actuelle, en essayant de la résoudre. Cette question délicate, ainsi brusquement tranchée par un simple tribunal de trois juges, semble avoir déconcerté les esprits les plus résolus ; personne n'a encore osé l'aborder hardiment, de peur de se compromettre par une adhésion ou une critique prématurée. Il en est résulté une impression générale de surprise et de doute, comme celle qu'on éprouve toujours d'une solution qui laisse beaucoup à désirer. Nous croyons donc faire une chose utile à nos lecteurs, en remettant sous leurs yeux les principales données de ce procès fort simple en apparence, mais qui porte en réalité dans ses flancs l'immense problème de la concurrence, avec toutes les difficultés de sa complication. Voici les faits :

Une compagnie de transports publics, connue sous le nom de *Messageries françaises*, nouvellement fondée, a cru apercevoir dans les procédés de deux compagnies rivales et plus anciennes, les *Messageries royales* et les *Messageries générales*, tous les caractères du délit de coalition prévu par l'article 419 du Code pénal. Après les plaidoiries habilement soutenues de part et d'autre et religieusement écoutées par les juges, le tribunal a reconnu l'existence d'une coalition dans les circonstances énoncées au procès, et il a prononcé son jugement en conséquence, sauf la question de dommages-intérêts qui devront être ultérieurement arbitrés par état; moyennant quoi sans doute le public sera désormais à l'abri des inconvéniens de la coalition. Plût à Dieu qu'il en fût ainsi, et que le succès du jugement répondît à la bonne intention des juges! Mais les grandes questions industrielles ne se décident point à si bon marché. On va le voir par celle-ci.

Nous tenons pour démontré, sauf l'appel, tout ce que les Messageries françaises ont articulé contre les Messageries générales et les Messageries royales. Quand les premières ont monté leurs services, celles-ci ont baissé leurs prix; elles ont imposé à leurs relayeurs des conditions sévères qui avaient pour but d'exclure la compagnie nouvelle, de la faire tomber en un mot, pour s'enrichir de ses dépouilles. Il faudrait entrer dans les détails les plus intimes du procès, détails naturellement fastidieux, pour savoir jusqu'à quel point cette guerre a été vive, jusqu'à quel point les trois compagnies ont fait preuve de bonne volonté pour se nuire. Rien de plus édifiant que la peine qu'on a prise dans chaque camp pour la ruine de l'ennemi; il en aurait fallu moitié moins peut-être pour assurer le succès commun, si la victoire ou la défaite industrielle dépendait uniquement de l'acharnement des combattans. Malheureusement il y a un élément obligé dont les magistrats n'ont pas tenu compte, parce qu'il est également au dessus du pouvoir du tribunal et des passions des plaideurs. C'est cet élément, qu'on pourrait appeler la *force des choses*, qui a échappé aux juges et que nous allons soigneusement définir.

Qu'ont fait réellement les Messageries royales et les Messageries générales que nous ne voyons faire tous les jours, sans qu'on ait jusqu'à présent trouvé de remède à ces maux? Elles ont réduit leurs prix fort au dessous du taux de revient; elles ont cherché à embaucher des voyageurs et à débaucher des postillons, des maîtres de poste, si l'on veut; elles ont dit du mal des Messageries françaises, comme les épiciers, les tailleurs en disent tous les jours de leurs confrères, sans que la chose tire beaucoup à conséquence. N'a-t-on pas vu en Angleterre des bateaux à vapeur se faire concurrence par des rabais de 80 p. 0/0, et des entreprises de diligences qui conduisaient les voyageurs gratuitement? N'y en a-t-il pas eu une qui leur donnait à déjeuner par dessus le marché?

Ces faits sont très connus, et il serait facile d'en multiplier les citations. Est-ce que si deux compagnies s'entendaient pour offrir à dîner à tous les voyageurs, cet accord serait considéré comme un délit de coalition ? Il en résulterait assurément un rude échec pour les entreprises rivales ; mais nous croyons que la loi ne saurait intervenir dans de pareils débats.

Est-ce à dire que nous approuvions toutes les misères de cette concurrence mercantile qui parodie le cri sublime : *vaincre ou mourir !* et qui semble vouloir son bien premièrement, et puis le mal d'autrui ? Loin de nous une telle pensée ; mais nous souhaiterions qu'on eût trouvé des tempéramens plus habiles ou des correctifs plus efficaces qu'une peine appliquée à des actes que les compagnies condamnées n'ont fait qu'emprunter aux usages du monde commercial. Nous ne voyons tout autour de nous que des choses semblables. Trois ou quatre fabriques de glaces combinent leurs efforts pour éviter qu'une rivalité malencontreuse fasse tomber le prix de leurs articles. Des auteurs s'entendent pour échapper à la tyrannie des directeurs de théâtres ; certains détaillans interdisent à leurs marchands en gros, sous peine d'excommunication industrielle, la vente des marchandises en détail. Tel brise la planche d'une gravure avant la fin du tirage, pour donner plus de prix aux épreuves tirées. Ne sait-on pas tout ce que le génie de l'égoïsme peut inventer de ressources pour accaparer des profits, des cliens, des affaires ?

Admettons pour un moment que le tribunal se décide réellement à arbitrer par état les dommages-intérêts qu'il croit devoir adjuger aux Messageries françaises ; le voilà donc investi du pouvoir de distribuer des profits, de répartir des pertes, de maintenir la balance entre des entreprises pourvues d'un capital différent, et gérées par des administrateurs de capacité inégale ! Ainsi le nombre des voyageurs suffisait à peine sur telle route à l'entretien de deux services, il en vient un troisième pour lequel manque évidemment la matière première, un service qui vient ruiner les deux autres en se ruinant lui-même, et le tribunal accorde une prime d'encouragement à cette entreprise imprudente ! Il l'accorde aux dépens de celles qu'elle aura compromises ! Il risque de les faire périr toutes trois ensemble ! Nous savons bien que les Messageries royales et les Messageries générales ont cherché à étouffer, sur des lignes où il y avait place pour trois, des tentatives raisonnables de concurrence ; c'est le tort habituel des corporations puissantes de vouloir concentrer tous les profits entre leurs mains. Mais le jugement de la sixième chambre conduit tout naturellement aux conséquences du *maxi-*

mum ; il n'interdit pas aux nouveaux venus de vendre les tranports à meilleur marché que les anciens, et il défend aux anciens de s'entendre pour en baisser le prix , en rivalité des nouveaux ; il a voulu détruire un abus chez les forts , et il crée un privilége pour les faibles.

Il suffirait , en effet, désormais, qu'une entreprise s'établît en concurrence même des Messageries françaises , devenues anciennes à leur tour , pour exposer celles-ci à des poursuites et à des dommages-intérêts , si elles s'avisaient d'abaisser leurs prix pour lutter contre une concurrence inattendue. On se poserait pour nuire ou pour se faire acheter. On ne marcherait pas, mais on empêcherait les gens de marcher. Payez-nous, dirait-on , notre retraite , ou bien nous vous ferons un tort proportionné à la durée de votre obstination. Si vous diminuez vos prix , nous vous accuserons de coalition et vous nous rembourserez le dommage que nous aurons éprouvé pour vous faire la guerre. Mais le tribunal n'a voulu réprimer, à ce qu'on assure, que l'accord de la malveillance entre les Messageries royales et générales contre les Messageries françaises ; très bien ; eh ! qui empêchera à l'avenir les compagnies d'abaisser leurs prix sans qu'on puisse démontrer la coalition ! Y a-t-il coalition entre gens qui ouvrent leur parapluie au moment d'un orage ? On ouvre son parapluie parce qu'il pleut, voilà tout. On abaisse ses prix parce qu'on ne peut pas vendre au dessus du cours , quand le cours est tombé. Que fera le tribunal dans ce cas? Son jugement ne décide donc rien ; et si le tribunal s'en mêle , le voilà transformé en *père suprême* saint-simonien, distribuant les bénéfices à chacun selon sa capacité , à chaque capacité selon ses œuvres.

On conçoit aisément le sentiment honorable qui a porté le tribunal de la Seine à rendre le jugement dont nous venons de parler. Les magistrats ont cru de bonne foi venir au secours du faible et en aide au public , trop souvent victime des exigences de nos corporations. Il a été démontré néanmoins que dans les luttes de diligences, quel qu'en ait été le résultat pour les Compagnies, les intérêts du public n'avaient jamais été lésés. Le public a joui, pendant la lutte, de la faveur des prix adoucis en vue de son suffrage , et ces prix ne sont jamais remontés au dessus du taux où ils étaient avant le combat. On ne déshabitue pas impunément les consommateurs des tarifs auxquels on les a accoutumés. Quelle que soit la fatuité des Compagnies, il est des libertés que le public ne leur laisserait point prendre avec lui et qu'elles ne prendront jamais. Il faut considérer aussi que plus de vingt mille voitures publiques suspendues roulent sur le pavé de France en concurrence avec les Messageries générales et royales , et que tous les services d'utilité départementale

ou locale n'ont rien à redouter d'elles. Le jugement de la sixième chambre ressemble un peu à ce fameux projet de loi qui supprimait les sociétés en commandite parce que certains fripons en avaient abusé. On ne
déracine point un abus en supprimant l'usage. La concurrence a ses
écarts dont il faut la purger si l'on peut ; mais il faut craindre de la
tuer, parce qu'elle est l'ame du commerce.

BLANQUI AINÉ.

TRIBUNAL D'APPEL

DE

POLICE CORRECTIONNELLE D'ANGOULÊME.

Présidence de M. SECOND.

Audience du 11 Avril.

COALITION DE MESSAGERIES.

JUGEMENT.

Attendu que l'appel soumis au tribunal présente à juger les deux questions suivantes : 1° l'art. 419 du Code pénal, relatif au délit de coalition entre les principaux détenteurs d'une même marchandise ou denrée, est-il applicable aux entrepreneurs de messageries ou voitures publiques ? 2° en admettant la compétence de la juridiction correctionnelle en pareille matière , les faits de la cause, tels qu'ils résultent du débat et des pièces du procès, établissent-ils le fait de coalition reproché aux Messageries royales et aux Messageries générales par la Compagnie Gaillard et Pénicaut ?

Attendu, sur la première question, que, d'après l'art. 419 du Code pénal, le législateur a entendu sévir contre ceux qui, par réunion ou coalition entre eux, tendant à ne pas vendre ou à ne vendre qu'à un certain prix les *marchandises* ou *denrées* dont ils sont détenteurs, auraient opéré la hausse ou la baisse de prix desdites marchandises ou denrées au dessous du prix qu'aurait déterminé la concurrence naturelle et libre du commerce ;

Attendu que, d'après le texte précis de cet article, on ne peut raisonnablement étendre aux entrepreneurs de messageries publiques les expressions de *détenteurs de marchandise* ou denrée ; que les entrepreneurs ne détiennent, en effet, aucune marchandise ou denrée susceptible d'être vendue et rétrocédée comme tous les objets qui sont dans le commerce et qui font la matière de ses transactions ; que le contrat qui intèrvient entre le messagiste et le voyageur n'est point un contrat de vente, mais bien un contrat de louage par lequel le premier s'engage à transporter l'autre du point de départ dans un autre lieu déterminé, moyennant le prix convenu ; et qu'un traité de ce genre ne peut être assimilé sous aucun rapport à une vente de marchandise ou denrée : d'où la conséquence que là où il ne peut y avoir vente, là aussi ne peut être appliqué un article qui ne prévoit et ne désigne que des ventes;

Attendu que le législateur a employé le mot de marchandise dans d'autres parties du Code pénal, notamment dans l'art. 423 qui prononce des peines contre celui qui aura trompé l'acheteur sur la nature de toute marchandise, dans l'art. 440 et suivans relatifs au pillage, dégradation et altérations des marchandises , et que, dans ces différentes dispositions, le mot *marchandise* est toujours pris dans le sens propre et naturel, ce qui rend ces divers articles tout-à-fait inapplicables à ce qui fait l'objet d'un louage en matière de voitures ou de transport;

Attendu, au surplus, qu'il est de principe en matière criminelle qu'on ne peut étendre les dispositions d'une loi pénale dont le sens doit toujours être restreint plutôt qu'amplifié, et que la preuve la plus évidente que l'art. 419 du Code pénal ne peut atteindre, sans une extention forcée, les entrepreneurs des voitures publiques, c'est la dissidence d'opinions que son application a fait naître parmi les tribunaux , les cours royales et dans le sein de la cour de cassation elle-même; qu'il en résulte nécessairement que l'interprétation qui tend à donner à l'art. 419 un sens sur lequel la magistrature n'a pu tomber d'accord, doit être repoussé , puisqu'en fait de dispositions pénales, tout doit être tellement clair et précis, qu'il doit y avoir unanimité, pour ainsi dire, dans les esprits en ce qui touche leur application ;

Attendu qu'il résulte de ce qui vient d'être établi , en ce qui touche l'inapplicabilité de l'art. 419 à l'espèce actuelle, qu'il y a lacune dans la législation sur ce point, et qu'une législation spéciale devient peut-être nécessaire à cet égard : mais , dans l'état actuel des choses, il faut reconnaître que la voie civile est la seule ouverte à ceux qui ont à se plaindre de coalitions en matières de messageries ou entreprises de transport, quand toutefois la coalition a appelé à son aide des moyens frauduleux pour nuire à autrui , parce qu'alors il en résulte un quasi-délit pouvant motiver une demande en dommages-intérêts pour la réparation du préjudice causé;

Attendu que le tribunal pourrait se dispenser de passer outre , puisqu'il reconnaît l'incompétence de la juridiction correctionnelle dans la cause, mais qu'il importe, même en admettant l'applicabilité de l'art. 419,

d'examiner à toutes fins si les faits en coalition reprochés aux administrateurs des Messageries royales et générales seraient suffisamment jus-
tifiés et de nature à motiver une condamnation

Attendu, à cet égard, que la Compagnie Gaillard et Pénicaut reproche
aux administrations royales Laffitte et Caillard d'avoir, par une coalition concertée entre elles sur le parcours de Périgueux à Angoulême,
amené une baisse du prix du transport au dessous de ceux qu'aurait dé-
terminés une concurrence naturelle et libre dans le but de ruiner la
Compagnie Gaillard et Pénicaut ;

Attendu qu'il est constant, en point de fait, que les Messageries royales et Laffitte et Caillard exploitaient la ligne de Paris à Bordeaux
long-temps avant l'établissement des Messageries françaises, et qu'elles
avaient pour correspondant sur cette ligne, de Périgueux à Angoulême,
le sieur Pénicaut oncle, devenu depuis l'un des administrateurs des
Messageries françaises; que, craignant de perdre cette correspondance et
ayant grand intérêt à conserver les voyageurs qui, de cette ligne, venaient
prendre la ligne principale, les administrateurs des Compagnies royale
et générale durent nécessairement s'occuper des moyens de créer une
nouvelle correspondance en remplacement de celle qui leur échappait :
tel est le motif qui a déterminé lesdites compagnies à monter un service
complet sur ladite route, au moyen d'un demi-service établi par chacune
d'elles et par suite d'un accord qui n'a rien d'illégitime, puisqu'il résultait de l'identité de position et d'intérêt ;

Attendu que cette identité de position et d'intérêt suffit à elle seule
pour justifier les derniers actes reprochés aux Messageries royales et
générales, comme prouvant une coalition contre la Compagnie Pénicaut,
tandis qu'en réalité ces actes tendaient uniquement à rendre moins onéreux pour les deux compagnies les frais des demi-services qu'elles vou-
laient établir sur le parcours de Périgueux à Angoulême ; qu'ainsi on ne
peut voir un fait de coalition de la part des deux compagnies prévenues,
en ce que, dans ce trajet, elles auraient employé les mêmes relayeurs
et les mêmes bureaux ; que le service étant alternatif, il était de l'intérêt de l'une et de l'autre d'en agir de la sorte pour diminuer les frais
de chacune; qu'il est donc évident que, de ce que lesdites compagnies ont
eu le droit de fonder un demi-service sur la ligne dont il s'agit, elles ont
pu, par voie de conséquence, prendre toutes les mesures propres à diminuer les frais de cette entreprise, sans qu'on puisse y voir une coalition pour ne vendre le transport qu'à un certain prix ;

Attendu, quant aux arrangemens qui avaient été faits entre deux relayeurs des compagnies, les sieurs Ymonet et de Vauxbidon, quant à la

circonstance qu'une même voiture aurait servi pendant quelques jours
aux deux compagnies, qu'un voyageur aurait été envoyé par le directeur d'une compagnie au directeur de l'autre, ces diverses circonstances
se rattachent toutes à une cause avouée et justifiée, et ne sont d'aucune
importance pour établir un fait de coalition ;

Attendu, quant à l'indemnité de 600 fr. payée pendant quelques mois
aux sieur Lataille et Destrilles, qu'il est résulté du débat et des explications fournies que cette indemnité n'a pas été donnée à titre de sub-
vention pour les soutenir dans la concurrence qu'elles faisaient à la Compagnie Pénicaut, mais bien à titre de dédommagement pour un service
qui devait être monté de Périgueux à Limoges, d'après des conventions
arrêtées avec les Compagnies royale et générale, lequel service devait
correspondre avec celui de Destrilles et Lataille, déjà établi de Périgueux
à Bordeaux ;

Attendu qu'il résulte également des explications fournies que cette
indemnité de 600 fr. par mois a été acquittée depuis le 1ᵉʳ septembre
1857 jusqu'au 1ᵉʳ mars 1838 par la Compagnie Laffitte, tandis qu'elle a
été payée par la Compagnie royale jusqu'au 1ᵉʳ avril de la même année,
ce qui exclut l'idée de toute espèce de concert entre les deux compagnies
pour cet objet ;

Attendu, quant au fait le plus grave de tous ceux qui ont été reprochés
aux compagnies, celui relatif à une baisse exagérée dans le prix, que ce
fait est positivement démenti par les déclarations qui ont été faites au
bureau de la régie des contributions indirectes, puisqu'il est constaté par
pièce officielles que le prix des places fut fixé à 9 fr. pour le coupé et
et à 8 fr. pour l'intérieur, par la déclaration du 30 juin 1837, souscrite
par les Messageries générales, lesquelles les réduisirent, 20 jours après, à
7 et 5 fr.; que, par sa déclaration du 30 juin 1857, la Compagnie générale
les porta à 7 fr. pour le coupé et 6 fr. pour l'intérieur, tandis que la Compagnie Pénicaut, deux jours après, baissa ses prix à 4 fr. et à 3 fr.; qu'il a
été vainement allégué par cette compagnie qu'elle avait été obligée d'en
agir ainsi, parce que, contrairement à leur déclaration, les Compagnies
générale et royale composaient avec les voyageurs et traitaient sur ce
pied de rabais ; qu'il est justifié au contraire par les registres des préposés de ces compagnies qu'ils ont fait leur recette conformément à leurs
déclarations pendant un assez long délai, et que, dès lors, s'ils ont été
obligés plus tard de se conformer à la baisse de Pénicaut, c'est à cette
dernière compagnie qu'il faut attribuer ce fâcheux résultat;

Attendu, en ce qui touche les argumens qui ont été pris du traité du
12 juin 1827, par lequel la Compagnie royale et la Compagnie Laffitte

s'étaient réunies pour s'imposer de mutuelles conditions, traité qu'on prétend n'avoir été anéanti qu'en apparence par celui de décembre 1836; que tout ce qui a été allégué sur ce point de la part de la Compagnie Pénicaut est formellement démenti par les pièces et documens en grand nombre qui ont été produits, et qui ne peuvent laisser aucun doute sur la réalité de la rupture intervenue entre les deux compagnies et sur l'indépendance qui a présidé à tous les actes de chaque administration postérieurs à cette époque ; qu'il en résulte en effet que, sur tous les points où les deux compagnies marchaient de concurrence, chacune agissait dans son intérêt personnel, soit en montant et augmentant ses services sur divers points, soit en prenant un intérêt dans les entreprises particulières, afin de se faire réciproquement une concurrence plus active ; qu'il résulte, notamment de la correspondance des nombreux préposés de l'administration des Messageries royales, qu'ils ont signalé à cette administration, à différentes reprises, les concessions et compositions qui étaient autorisées par la Compagnie Laffitte et Caillard, desquelles il résultait un préjudice notable pour la Compagnie royale, en demandant à celle-ci de les autoriser pour soutenir la concurrence, de consentir aux mêmes concessions et aux mêmes rabais ; que tous ces faits sont destructifs des différentes assertions de la Compagnie Pénicaut, en ce qui regarde l'accord et l'intelligence qui règneraient entre elles sur les différentes lignes qu'elles parcourent ensemble ; qu'on en doit dire autant de l'induction tirée de la conformité qui se rencontre dans les tarifs des mêmes compagnies ; qu'il est évident qu'à l'instant où l'une baisse ses prix et modifie son tarif, l'autre doit nécessairement s'y conformer, à moins de s'exposer à un préjudice notable si elle maintenait les siens ;

Attendu qu'il résulte de tout ce qui vient d'être dit qu'en admettant que le fait de coalition, en matière de messagerie, fût susceptible d'être réprimé par la voie correctionnelle, il en résulterait encore que ce fait ne serait point établi à l'égard de la Compagnie royale et de la Compagnie Laffitte et Caillard, en ce qui touche le parcours d'Angoulême à Périgueux ; qu'il est résulté seulement des faits de la cause et du débat que deux compagnies ont établi, comme elles en avaient le droit, chacune un demi-service sur cette route, en s'entendant entre elles pour rendre ce service le moins onéreux possible ; qu'en un mot, par le fait et par la force des choses, il y a *eu accord* pour organiser ce service au meilleur marché, mais non *accord* pour *ne vendre le service qu'à un certain prix* ;

Attendu qu'en relaxant des fins et conclusions de la plainte la Compagnie générale et la Compagnie royale, les premiers juges ont sainement apprécié les faits de la cause, et qu'il y a lieu de confirmer leur décision sur ce point;

Attendu, en ce qui touche les appels respectifs des parties, relativement aux dommages-intérêts qui ont été adjugés par le jugement dont est appel, qu'il n'y a pas cause suffisante de préjudice dans l'espèce, non seulement pour motiver une augmentation de dommages-intérêts au profit des Compagnies royale et générale, mais même pour maintenir la condamnation qui a été prononcée par le tribunal de Périgueux, et qu'ainsi il y a lieu de faire droit, dans ce chef seulement, à l'appel interjeté par la Compagnie Gaillard et Pénicaut;

Par ces motifs, le tribunal, vidant son délibéré ordonné à l'audience du 30 mars dernier, et faisant droit à l'appel interjeté par la Compagnie Gaillard et Pénicaut du jugement du tribunal de Périgueux, en date du 23 décembre dernier, au chef qui l'a condamnée à 500 francs de dommages-intérêts envers chacune des Compagnies royale et générale, dit qu'il a été mal jugé en ce chef seulement : en conséquence, émendant quant à ce, décharge les appelans de la condamnation contre eux prononcée, ordonne que le surplus dudit jugement sortira son plein et entier effet, et compense les dépens faits sur l'appel devant le présent tribunal.

Paris. Imprimerie de Paul Dupont et Cⁱᵉ.